슬기로운
미국생활

슬기로운 미국생활

발행일   2023년 10월 27일

지은이   황승완
펴낸이   손형국
펴낸곳   (주)북랩
편집인   선일영   편집   윤용민, 배진용, 김다빈, 김부경
디자인   이현수, 김민하, 임진형, 안유경, 신혜림   제작   박기성, 구성우, 이창영, 배상진
마케팅   김회란, 박진관
출판등록   2004. 12. 1(제2012-000051호)
주소   서울특별시 금천구 가산디지털 1로 168, 우림라이온스밸리 B동 B113~114호, C동 B101호
홈페이지   www.book.co.kr
전화번호   (02)2026-5777   팩스   (02)3159-9637

ISBN   979-11-93499-04-7 03300 (종이책)   979-11-93499-05-4 05300(전자책)

(주)북랩 성공출판의 파트너

북랩 홈페이지와 패밀리 사이트에서 다양한 출판 솔루션을 만나 보세요!

홈페이지 book.co.kr   •   **블로그** blog.naver.com/essaybook   •   **출판문의** book@book.co.kr

작가 연락처 문의 ▸ ask.book.co.kr

작가 연락처는 개인정보이므로 북랩에서 알려드릴 수 없습니다.

머리말

　미국에서 지낸 2년 여의 시간은 큰 배움의 시간이었다. 단기 해외 출장이나 여행 외에는 해외에 1달 이상 체류해 본 적이 없었기 때문에 초기 적응이 쉽지만은 않았다. 미국에서 한 모든 경험이 새로웠고 시간이 갈수록 인식의 범위도 점차 넓어졌다. 미국은 뉴스나 방송 등에서 그간 소식을 자주 접해 왔기 때문에 친숙한 국가였다. 하지만 실제로 생활해 보니 읽고 들어서 배운 간접 경험과 실제 체험과는 차이가 컸다. 미국만의 독특한 역사, 관습, 제도, 정치, 문화 등 이른바 미국 예외주의(American exceptionalism)를 피부로 느낄 수 있었다. 특히 2020년, 전세계에 큰 영향을 끼친 코로나19 팬데믹의 발생으로 전례 없는 글로벌 위기 상황에 대한 미국 정부 및 시민들의 인식과 대응을 직접 비교해 볼 수 있었다.

1부에서는 미국의 문화에 대해 다뤘다. 일상생활에서 미국인들만의 위생 개념, 정치 문화, 치안에 대한 인식 등은 어렴풋이 예상했던 것과는 또 다른 측면이 있었다. 문화 상대주의를 피부로 느끼면서, 그 차이를 들여다 볼수록 흥미로웠다.

2부는 우리와 다른 미국의 다양한 제도에 대해 썼다. 행정학에서 중요한 정책의 경로 의존성(path dependency) 개념을 총기 정책, 연방주의 지방자치, 산업정책 등의 실제 사례에서 확인할 수 있었다. 우리나라 측면에서는 이해하기 어려운 총기정책, 의료보험 체계 등은 미국의 과거 여건 및 정책 경로에 의해 지속되어 왔기 때문에 그 비효율성에도 불구하고 바꾸는 게 쉽지 않음을 느낄 수 있었다.

나를 포함한 많은 공무원들이 정책을 설계할 때 해외의 정책사례를 참고한다. 하지만 국가마다 과거의 정책 경로나 제반 여건을 주의 깊게 살피지 않는다면 해외 사례만으로 기존의 정책을 혁신한다는 것은 매우 위험한 것이란걸 다시 한 번 깨달았다.

책을 쓰는 일은 생각보다 간단한 일이 아니었다. 머릿속의 막연했던 생각을 글로 정리하고 내 언어로 정리해 나가면서 한 단계 성장하는 자신을 느낄 수 있었다. 사실관계를 여러 차례 체크하고, 지나친 미국 찬양이나 미국 혐오로 흐르지 않도록 주의를 기울였다.

미국에서 만난 많은 인연들이 책을 완성하는데 큰 도움이 되었다. 본문에도 자세히 언급하지만 멜라이니(Melanie)와 톰(Tom) 부부에 대한 감사를 표하고 싶다. 험프리 프로그램을 통해 인연을 맺게된 11명의 펠로우들도 있다. 러시아, 인도, 파키스탄, 라트비아 등 전세계에서 치열한 경쟁을 뚫고 선발된 인재들과 각국의 상황과 미국 제도에 대해 토론하며 지냈던 시간을 잊지 못할 것이다. 이들과는 현재도 단체 채팅방을 통해 서로를 응원하며 좋은 글로벌 친구로 지내고 있다. 또한, 시라큐스 대학교의 마가렛(Margaret Lane) 등 많은 교직원과 교수님들이 열정적으로 험프리 프로그램 참여자의 미국 적응과 지식 전달을 위해 힘써 주셨다.

가족들에게도 감사와 사랑을 전하고 싶다. 현직 도서관 사서인 누나는 국어국문학 전공을 살려 글을 꼼꼼히 교정해 주었고, 나보다 더 책을 좋아하는 독서광 아버지도 많은 감수를 해 주셨다. 미국 생활 중 중요한 세미나 시기에 딸을 봐 줄 사람이 없어서 곤란했을 때 미국까지 손녀를 돌보러 와주신 엄마에게도 감사의 마음을 보낸다. 험난했던 미국 생활을 함께 극복하며 기쁨과 슬픔을 나눈 아내에게 사랑을 전한다. 마지막으로, 아빠 때문에 미국에 와서 고생한다며 나를 원망하더니 나중에는 미국 생활에 완벽히 적응해 우리 부부를 뿌듯하게 해 준 딸 채율이에게 이 책을 바친다.

목차

머리말 . 4

1부. 미국의 일상 문화 🏈

■ 미국 예외주의의 진짜 모습

❶ 미국의 위생 개념- 흙은 상관없지만 침은 안 돼!　　　　. 13

❷ 미식축구에 진심인 나라　　　　. 18

❸ 도박과 복권- 일확천금을 꿈꿔라　　　　. 26

❹ 미국 홀로 쓰는 단위- 고집인가, 자신감인가?　　　　. 33

❺ 미국의 환경 보호- 누가 기후 빌런인가?　　　　. 41

❻ 한국에 대한 인식- 한국 최고의 자랑거리? 'K-POP'이지!　　. 50

❼ 미국의 교육 환경- 미국에서 학생으로 살아남기　　　　. 54

❽ 정치적 갈등의 심화- Divided States of America　　　　. 62

❾ 미국의 치안- 안전한 대한민국　　　　. 70

❿ 인플레이션 현실- 올라도 너무 오른다　　　　. 77

⓫ 미국에서 생긴 새로운 가족- 정 많은 외국인?　　　　. 83

2부. 미국의 제도

▪ 모든 정책에는 나름대로의 사정이 있다

❶ 미국의 총기 정책- 마트에서 총을 살 수 있는 나라 . 93

❷ 미국 지방 자치- 주마다 다 달라! . 103

❸ 미국의 산업- 전 분야 팔방미인 . 112

❹ 미국의 산업 정책- 산업 정책이 돌아왔다(America First) . 119

❺ 의료 시스템- 비싸고 불편하지만 바꿀 수 없다 . 126

❻ 코로나19(1)- 팬데믹 초기의 대혼란 . 135

❼ 코로나19(2)- 코로나와의 본격 전쟁 . 143

❽ 코로나19(3)- 코로나와의 공존 . 150

❾ 시라큐스- 살기 좋은 대학 도시의 도시 재생 노력 . 154

❿ 시라큐스 지역 경제 활성화- 반도체 기업 투자 유치 사례 . 164

⓫ 미국의 주거 환경- 단독 주택 단지의 명과 암 . 176

⓬ 공급망 위기- 모든 것이 부족하다 . 185

⓭ 미국의 달러 찍어 내기- 위기? 돈으로 해결한다! . 192

Welcome to
USA

1부.

미국의 일상 문화

—

미국 예외주의의 진짜 모습

1. 미국의 위생 개념

- 흙은 상관없지만 침은 안 돼!

미드나 영화를 보면서 우리나라 사람들이 질색하는 미국의 생활 방식이 있다. 집 안 거실이나 침실에서 신발을 신고 지내며, 심지어 침대에까지도 신발을 신은 채로 올라가는 것이다. 미국인들이 위생 개념이 없어서인지, 신발을 벗는 것이 금기시되는 건지 모를 일이었다. 이번에 외국에서 장기 체류를 해 살아 보니 알게 된 점이 있다. 나라마다 위생에 대한 관점이 크게 다르다는 점이다. 실제 미국에선 실내에서 신발을 신고 지내는 경우가 많았다. 다만 최근에는 실내에서도 신발을 벗고 생활하는 미국인이 늘어나고 있다고 하며, 주변에서 살펴보면 실내에서 신발을 신는 경우는 반반 정도로 보인다. 따라서 미국 친구

집에 방문하게 되면 우선 입구에서 신발을 벗는지 아니면 신는 지를 제일 먼저 살펴보게 된다.

　미국인들을 지켜보니 집에서 신발을 신는 이유에는 다양한 요인이 작용하는 듯하다. 우선 외부 흙이나 풀에 대한 거부감이 덜하다는 점이다. 유럽도 마찬가지이지만 미국에서도 백인들은 일광욕을 즐기며, 공원이나 대학 캠퍼스 등에서 풀밭에 팔다리를 드러낸 채로 누워서 책을 보거나 대화를 하는 사람들을 쉽게 볼 수 있다. 우리나라 같으면 벌레를 통해 병균이 옮을 수도 있고, 흙이 묻을까 봐 옷을 입고도 풀밭에 앉거나 눕지 않는 것과는 큰 차이가 있다. 그러다 보니 신발에 묻은 흙이나 모래, 잔디도 크게 비위생적으로 생각하지 않는다. 애완견을 많이 키우는 것도 작용을 한다. 미국인들이 워낙 애완견을 좋아하고 단독 주택에서 잔디가 깔린 마당을 보유하고 살다 보니 하루에도 여러 번 반려동물과 산책을 나간다. 미국인들에게 물어보면 산책 후에 애완견의 발을 씻는 경우는 거의 없었다. 씻더라도 간단히 수건이나 물티슈로 닦아 주는 게 전부다. 대부분의 미국 친구들 역시 강아지들도 매일 밖에서 산책하고 집에서 돌아다니니까 신발을 벗을 필요가 없다고 한다. 주거 환경의 영향도 중요하다. 미국 집의 바닥은 온돌이 깔린 장판이 아닌 차가운 마룻바닥이나 카펫이 깔려 있다. 또한, 단독 주택이 많고 난방비가 비싸기 때문에 바닥이 특히 춥다. 우리나라처럼 겨울에 실내에서 반팔을 입고 있는 경우는 찾아보기 힘들다. 발이 춥기 때문에 여름철이 아니고는 신발 또는 실내화를 꼭 찾게 된다.

반대로 미국인들이 위생 관점에서 굉장히 싫어하는 것이 있다. 바로 다른 사람의 '침'이다. 코로나19 팬데믹을 겪으면서 더욱 심해졌지만, 미국은 이전부터 자신의 침이 튈 수 있는 행위를 극도로 조심해 왔다. 음식을 다른 사람들과 나눠 먹는 것과 밖에서 양치를 하는 것이 그것이다. 요즘엔 한국에서도 찌개나 반찬을 같이 먹기보다 서로 분리해서 먹는 경우가 많다. 미국에서는 식당이나 집에서 식사를 할 때 음식을 각자의 식기에 먹는 것이 당연하게 여겨지며 가족이라도 음식을 함께 먹는 것을 위생적으로 보지 않는다. 이와 관련해서 아이스크림 가게에서 당황스러웠던 기억이 있다.

미국인들은 남녀노소를 불문하고 아이스크림을 참 좋아한다. 동네마다 수십 년의 역사를 가진 아이스크림 가게가 있고 다양한 프랜차이즈가 발달해 있다. 대부분의 아이스크림은 기본적으로 비싸지만 사이즈를 큰 것을 시켜도 가격의 차이는 정말 미미하다. 딸아이와 함께 좋아하는 아이스크림 가게에 가서 보니 제일 작은 크기는 7.95달러(10,335원)이고, 중간 크기는 8.49달러(11,037원)였다. 양은 절반 가까이 커지지만 가격은 7%도 늘지가 않는다. 중간 크기는 가성비가 괜찮다며 딸아이와 나눠 먹었다. 몇 번 먹으면서 주변을 살펴보니… 나처럼 아이나 가족과 아이스크림을 나눠 먹는 경우가 없는 것이다. 어린아이가 와도 각자 아이스크림을 시켜 먹으며 부부나 연인 간에도 다들 각자였다. 나중에 친구들에게 물어보니 특히 아이스크림은 개인별로 시켜 먹는 게 당연하다는 것이었다. 비슷한 이유에서 미국에선 어린 나이에서부터 케첩 등 소스를 함께 먹는 경우 음식을 베어 물고 나서 다시 찍는 'Double Dip'을 하지 않도록 교육한다.

공중화장실에서 양치를 하는 것도 비위생적으로 생각한다.

미국 생활 초기에 한국에서의 습관이 남아 있어 점심 식사를 하고 나면 꼭 양치를 해야 입이 깔끔했다. 가방에도 양치 도구를 챙겨 다니며 틈이 날 때 화장실에서 양치를 하곤 했다. 그런데 나를 빼고는 다들 점심 먹고 아무도 양치를 하지 않는 것이었다. 생각해 보니 화장실에서 양치를 할 때 지긋한 할아버지가 쏘아보았던 것도 기억이 났다. 친구들에게 물어보니 미국인들은 집 밖에서 양치를 하지 않으며, 하루에 두 번이면 충분하다고 생각한다는 것이다. 어려서부터 아침, 저녁에 양치를 하도록 교육을 받고 점심에 입이 텁텁하면 껌을 씹거나 입 냄새 제거용 사탕을 먹는 경우가 대부분이다. 이제는 미국 공중화장실에서 양치를 하진 않지만 점심을 먹고 나면 입이 답답한 건 여전하다. 로마에 가면 로마법을 따르는 게 맞다고 하지만 태어나면서 부터 몸에 익숙해진 위생 개념을 몇 년 만에 바꾸는 것은 쉬운 일이 아닌 듯하다.

2. 미식축구에 진심인 나라

세계의 수많은 스포츠 팀 중에 경제적으로 가장 가치 있는 팀은 어디일까? 미국 메이저리그의 '뉴욕 양키즈'나 스페인 프로축구 리그의 '레알 마드리드', 영국 프로축구의 '맨체스터 유나이티드' 정도가 우리나라에서는 가장 유명할 것이다. 미국 포브스(Forbes)지는 매년 전 세계에서 가장 경제적으로 가치 있는 50개 스포츠 팀을 발표하고 있다. 2016년부터 2022년까지 1위를 차지하는 팀은 바로 미식축구 프로 팀 '댈러스 카우보이스'이다. 2위는 '레알 마드리드', '뉴욕 양키즈', '맨체스터 유나이티드' 등 계속 바뀌고 있지만 7년 연속으로 1위는 '댈러스 카우보이스'이다.

영어로 'Football'이라 표현되지만 우리나라에서는 미식축구로 일컬어지는 이 스포츠는 말 그대로 미국에서 주로 즐기는 경기다. 다른 나라들에서는 프로 리그도 없고 인기도 많지 않지만, 미국에서는 그야말로 국민 스포츠다. 매년 2월쯤 되면 우리나라 뉴스에서도 미식축구와 관련된 뉴스가 보인다. 그 내용 중 많은 부분은 미국 프로 미식축구 리그(NFL, National Football League)의 결승전인 슈퍼볼의 중간 상업 광고와 관련된 것이다. 올해는 중간 광고 30초를 하려면 얼마가 드는지, 우리나라의 어떤 기업이 광고를 했는지 등의 뉴스가 주로 이슈가 된다. 유튜브 등에서는 올해의 슈퍼볼 광고 중 가장 참신하고 재밌는 광고를 선정하여 보여 주는 영상이 꽤나 높은 조회 수를 기록하기도 한다. 이처럼 우리나라에서는 미식축구 하면 미국에서 가장 인기 많은 스포츠이자, 최종 결승전이 벌어지면 광고비가 엄청나다는 정도가 알려져 있다.

미식축구 경기 자체는 굉장히 단순하다. 다른 스포츠에서와는 달리 개인의 손 기술이나 발 기술에 의존하기보다는 빠른 주력과 거구들이 펼치는 몸싸움으로 상대방을 밀어붙이는 것이 중요하다. 장비도 공과 개인 보호 장구 외에는 별도의 장비가 필요 없다. 상대방의 골 진영에 누가 더 많이 공을 가지고 진입하는지를 겨루는 경기로, 흔히 미국의 서부 개척 시대를 상징하는 '땅따먹기'게임으로 미국인의 정서와 잘 맞는다는 평가가 많다. 미식축구 경기의 성격이 미국인의 성향과 맞기도 하지만, 나는 무엇보다 미국인 공동체 모두가 미식축구를 즐기는 문화가 지속되는 점이 인기의 주된 요인이라 생각한다.

일부 골수팬들만이 보고 즐기는 스포츠가 아니라 남녀노소 모두에게 인기가 있으며, 지역 티비 뉴스와 신문에서도 연고지 팀의 경기 소식이나 분석, 전망 등을 비중 있게 소개한다. 야구나 축구 등 다른 스포츠에 비해서 언론에서 소개하는 비중도 훨씬 크다. 마트에서는 주말이 다가오면 풋볼 경기를 보면서 즐길 수 있는 파티 음식을 모아서 판매하고, 음식점마다 경기 라이브 중계를 보며 응원을 할 수 있다고 홍보하기도 한다. 거주하는 동네의 여러 집에서는 경기 날이면 팀의 깃발을 집에 걸어 응원을 한다. 초등학교 4학년인 딸아이의 말에 의하면 같은 반의 남학생들이 미식축구 얘기를 하도 많이 하고, 응원하는 선수의 유니폼을 자주 입고 다녀서 자기도 몇 팀의 이름과 주요 선수를 외울 정도라고 한다.

시라큐스대학교의 미식축구 경기장 모습 (저자 직접 촬영)

또한 특이한 점은 프로 리그 외에도 대학 미식축구의 인기
가 매우 높다는 점이다. 미국에서 가장 인기 있는 스포츠 리
그는 프로 미식축구(NFL)이며, 두 번째 리그는 대학 미식축구

(NCAA)라는 얘기가 있을 정도다. 시라큐스는 작은 도시라서 지역 연고 프로 미식축구팀은 없다. 시라큐스 주민들은 차로 두 시간 반 거리(미국 기준으로는 꽤나 가까운)의 '버팔로'라는 도시의 '버팔로 빌스(Bufallo Bills)'라는 프로 팀을 주로 응원한다. 하지만 버팔로 빌스 외에도 시라큐스대학교 풋볼팀 '시라큐스 오렌지(Syracuse Orange)'의 인기가 대단하다. 대학 재학생들의 응원 열기는 엄청나며, 일반 지역 주민들의 응원도 대단하다.

2022년 10월에 시라큐스 홈에서 열린 두 경기가 모두 매진이 될 정도였는데, 총 좌석 수가 자그마치 5만 석이다! 시라큐스시의 인구는 15만 정도이며 주변 위성 도시들을 모두 합해도 50만 정도 되는데, 대학 미식축구 경기에 5만 명이 티켓을 구매할 정도로 인기가 대단한 것이다. 경기 티켓은 재학생 특별 할인 티켓이 10달러(13,000원)이며, 일반 티켓은 제일 저렴한 좌석이 20달러 이상이고, 가장 비싼 좌석은 수백 달러가 넘는다. 뉴스에서는 토요일에 있는 경기를 보기 위해 다른 지역에 있는 시라큐스대학교 동문들이 금요일부터 시라큐스를 대거 방문하여 시내에 있는 호텔도 모두 방이 동났다는 기사가 나왔다. 그렇다고 시라큐스가 미식축구에 특별히 미쳐 있는 지역은 아니다. 조지아주나 플로리다주 등 남부 지역에서는 대학 미식축구의 인기가 더 대단하다고 하니 감이 오질 않는다. 2022년 10월, 테네시대학교는 앨라배마대학교와의 경기에서 엄청난 접전(52-49) 끝에 승리하였고 경기장에 있던 10만여 명의 관중이 흥분한 나머지 경기 종료 후에 운동장으로 몰려들었다. 그들은 높이 6미터에 달하는 골대를 뽑아서 부러뜨리고 일부분을 경기장 밖의 강물에 던져 버렸다고 한다. 이 사건으로 테네시대학교는 대학 미식축구 리그로부터 10만 달러 벌금을 받고, 대학교는 경기장 보수 및 벌금 납부를 위해 지역 사회에 기부를 요청했다고 한다.[1] 참 기가 찬 뉴스다.

1) 'Neyland Stadium Goalposts End Up in Tennessee River After Vols Beat Alabama', Sports Illustrated, 2022. 10. 15.

대학에서 미식축구의 위상이 어느 정도인지 알 수 있는 사실이 하나 더 있다. 시라큐스대학교에서 가장 높은 연봉을 받는 사람이 누구일까? 총장이나 유명 교수가 아닌 바로 미식축구팀 감독인 'Dino Babers'이다. 22년 공개된 자료에 따르면 Babers 감독은 2020년에 연봉과 성과급을 더해서 4백만 달러(52억 원, 환율 1,300원 기준)를 수령하여 시라큐스대학교 전체에서 가장 높은 보수를 받았다. 그는 18년부터 3년 연속으로 대학 내 보수 순위 1위를 기록하였는데, 특히 2020년의 보수가 주목을 받았다. 이유는 2020년에 시라큐스 미식축구팀이 역사적으로 성적이 부진했던 해이기 때문이다. 그해 시즌에 단지 1승만을 거두었는데(10패), 그럼에도 불구하고 감독은 여전히 수십억 원의 보수를 받았기 때문에 기사에서도 이를 언급했다.[2]

전국 리그에서 우승한 적도 한번 없고 최근에도 좋은 성적을 남기지 못한 팀의 감독이 7년간 연임을 하고 수십억 원의 최다 보수를 받는다는 것은 우리나라에선 있을 수 없는 일일

---

2) Syracuse.com, 2022. 5. 27. 기사 'Dino Babers was Syracuse University's highest-paid employee during football team's 1-win season'.

것이다. 하지만 여전히 시라큐스에서는 '시라큐스 오렌지'의 인기는 엄청나며, 감독인 'Dino Babers'에 대한 지지도 여전하다.(Babers 감독이 출연한 지역 CF 광고도 여럿이다.)

프로 미식축구 리그를 관장하는 NFL은 최근 미식축구의 세계화 전략을 추진하고 있다. 일부 리그 경기를 해외 경기장에서 개최하여 해당국에서의 관심과 인기를 끌고자 하고 있다. 과연 미식축구의 인기가 미국을 넘어서 다른 나라들로까지 이어질지 궁금하다.

3. 도박과 복권

- 일확천금을 꿈꿔라

2022년 7월, 13억 4천만 달러(약 1조 8,700억 원)의 당첨금이 걸린 메가밀리언 복권의 당첨자가 일리노이주에서 나왔다. 미국의 뉴스에서도 한 달 넘게 복권의 당첨금이 엄청나게 오르고 있다는 소식이 나왔고, 한국 뉴스에서도 메가밀리언 복권 관련 기사가 여럿 있었다. 미국이나 한국이나 모두 복권 당첨금이 커지게 되면 누구나 한 번쯤 '내가 당첨되면 돈을 어떻게 쓰지?'라는 상상을 하는 것은 같은가 보다. 1조 8,700억 원이면 세금을 떼긴 해야겠지만 거의 바로 재벌이 될 수 있는 정도의 돈이긴 하니까. 한국의 로또 당첨금 중 지금까지 최고액은 407억 원으로, 미국 메가밀리언 복권의 당첨금 규모가 얼마나 큰

지 비교해 볼 수 있다. 이 때문에 심지어 한국에서도 미국 복권을 구매하는 방법이나 미국 복권이 당첨되었을 때 한국에서 세금을 얼마나 내는지에 대한 기사도 있었다.

먼저 미국의 복권이 어떻게 이렇게 큰 당첨금을 줄 수 있는지, 우리나라의 로또와 비교하여 살펴보자. 우선 복권 금액이 장당 2달러로 우리나라 복권보다 2배 이상 비싸다. 그리고 당첨 확률에서는 더욱 큰 차이를 보인다. 한국 로또는 45개의 숫자 중 6개를 순서와 상관없이 맞추면 1등이 되며, 이 확률은 약 815만분의 1이다. 반면에 미국 메가밀리언의 경우, 70개의 숫자 중 5개를 맞혀야 하며 1부터 25까지 중 보너스 숫자 한 개도 추가로 맞혀야 한다. 확률이 3억 258만 분의 1로, 로또의 37분의 1의 확률이다! 또한, 당첨자가 나타나지 않을 경우 당첨금이 차기 추첨으로 이월되는 것이 한국 로또의 경우 2회로 제한되지만, 미국의 경우 제한이 없어 수십 차례 이월된 당첨금이 1조 원을 넘어설 수 있게 된 것이다.

인구가 우리나라보다 6배 이상 많은 미국에서, 37분의 1의 당첨 확률을 가진 복권을 2배 이상 비싸게 주고 사다 보니 당첨금도 수백 배 이상 비싸지게 된 것이다. 우리나라 로또도 당첨 확률을 확 줄이고 이월을 가능하게 하면 수백억에서 수천억 당첨금의 주인공이 나타나는 것도 충분히 가능하다. 당첨금이 커지면 많은 사람들이 로또를 사게 될 것이고, 복권 기금이 늘어나서 공익사업에도 더 쓰일 수 있다. 하지만 이렇게 하지 않는 것은 복권 및 도박과 같은 사행성 사업의 부작용이 크기 때문이다. 마약과 마찬가지로 도박 중독에 빠지는 사람들이 현재도 많다. 또한 수백만 분의 일의 확률로 거액을 얻을 수 있는 복권은 일확천금을 조장하고 당첨자를 제외한 일반인의 상대적 박탈감을 가져올 수 있기 때문에 당첨금이 너무 커지지 않도록 규제를 하고 있는 것이다.

여기까지는 일반 뉴스 기사들에서 쉽게 접할 수 있는 내용들이다. 내가 진짜 얘기하고 싶은 부분은 도박과 복권 등 사행성 산업에 관대한 미국의 제도 및 문화에 대해서다. 미국에서 대표적인 복권이 '메가밀리언'과 '파워볼'이다. 두 복권 모두 보통 수백 밀리언 달러의 당첨금이 쌓이게 되는데, 대부분의 복권 판매점에서 현재 모인 당첨금을 작은 전광판에 보여 준다. 보통 일반 마트나 주유소 등에서 복권을 판매하고 있는데, 쇼핑을 하다가 혹은 기름을 넣다가 복권 당첨금이 높아진 것을 보고 충동적으로 구매를 하게 되는 경우가 많다. 운전을 하고 가다 흔히 보이는 도로변 빌보드(지주 이용 간판)에서도 '메가밀리언'과 '파워볼'의 현재 당첨금이 자주 보인다. 이러한 복권 당첨금 광고는 현재 한국에서는 규제로 인해 이뤄지고 있지 않다. 미국에서는 복권 광고 규제가 약하기 때문에 충동구매로 이어지기 쉽다.

미국 라스베이거스는 한국뿐만 아니라 미국에서도 도박으로 유명한 도시다. 라스베이거스의 유명 호텔은 다른 지역들의 호텔에 비해 숙박비가 상대적으로 저렴하다. 호텔마다 1층에 위치하고 있는 카지노가 주된 수입원이라서 숙박비를 저렴하게 책정하고 많은 사람들이 카지노를 이용할 수 있게 한 상술이다. 라스베이거스를 방문했을 때 놀란 점은 공항 내에 슬롯머신 등 카지노를 할 수 있는 부스가 존재한다는 점이었다. 공항에 내리자마자 대합실 한가운데의 투명 유리 부스 내에서 담배를 피우며 카지노에 열중하는 미국 사람들의 모습은 전혀 다른 세상에 있는 사람들과 같은 느낌이었다.

　미국 생활을 하면서 크게 놀란 적이 또 있었는데, 아이가 학교에서 거리낌 없이 복권을 접할 수 있었던 것이다. 지난여름 한 학년을 마무리하면서 학교 학부모회가 주최한 파티가 열렸다. 학생들에게 피자 등 간식을 제공하고 댄스 디제이도 불러서 흥겨운 분위기를 만들었는데, 행사의 핵심 파트는 다양한 경품 추첨이었다. 이를 위해 학부모나 지역 소상공인에게 상품을 기부받았다. 경품 추첨에 참여하기 위해서는 티켓을 구매하여 원하는 상품의 티켓 박스에 넣으면 된다. 구매할 수 있는 티켓에 한도가 없어서 많은 티켓을 사고 원하는 상품에 여러 티켓을 넣어 당첨을 노리는 학생, 학부모들도 있었다. 행사 당일에는 다양한 경품을 구경하는 것도 하나의 재미였다. 아이들이 좋아하는 인형이나 포켓몬 카드도 있었고, 부모들이 좋아할 만한 학용품이나 세차 도구들도 있었다. 딸과 함께 쭉 상품들을 보면서 지나고 있었는데, 한 곳에는 즉석 복권 여러 개를 예쁘게 포장해서 상품으로 내놓은 것이 있었다. 그렇지 않아도 학생들이 선물을 돈을 내고 추첨해 가는 시스템에 약간은 거부감이 있었는데, 복권을 상품으로 추첨하다니⋯. 조금은 황당했지만 미국인들은 아무렇지 않은 듯했고, 복권 상품의 인기는 꽤나 상당했다.

상품 추첨 외에도 50/50 래플 티켓(Raffle Ticket)을 판매하여 학부모회 기금을 모으기도 했다. 래플 티켓은 원하는 금액의 티켓을 사서 다 모은 금액의 50%는 기금으로 모이고 나머지 50%는 뽑기를 해서 뽑힌 한 사람에게 상금으로 주는 것이다. 당시에는 백 달러 정도로 상금이 모여서 당첨된 학생과 학부모가 환호했던 기억이 난다. 행사가 거의 마무리될 때쯤 모든 사람들이 모이고 교장 선생님이 상품별로 즉석에서 추첨을 해서 당첨자를 호명하였다. 수십 달러에서 2~300달러짜리 상품 추첨에 환호하는 초등학생들을 보면서 문화적으로 거부감이 들기도 했다.

초등학교 기부금 조성 행사에서 경품으로 나온 즉석 복권들
(저자 직접 촬영)

미국은 사회 전반에 걸쳐 우리나라보다 법과 제도를 통한
규제가 약하다. 자유를 중시하며 개인 스스로의 선택과 책임
을 중시하는 사회이다 보니 도박, 복권 등 사행성 산업에 대해
서도 규제가 매우 약하다는 점을 쉽게 알 수 있다.

4. 미국 홀로 쓰는 단위

- 고집인가, 자신감인가?

내가 타고 있는 중고차의 연비는 19MPG(Miles Per Gallon, 갤 론당 마일)이고, 내 몸무게는 148lbs(파운드)이다. 뉴스에선 내일 의 최고 기온이 74℉(화씨 74도)라고 한다. 이런 단위들을 접하면 당연히 감이 오지 않을 것이다. 미국에서 지낸 시간이 햇수로 4년이지만 여전히 감이 오지 않아서 머릿속으로 한참 곱하고 나누고 하다가… 결국 스마트폰의 단위 변환기를 쓰게 된다.

이처럼 미국은 영국의 야드-파운드법(Imperial units)에서 유 래된 미국 표준 단위계(US standard units)를 여전히 사용하고 있 다. 영국은 이미 20세기 후반부터 국제 표준 단위계인 미터법을 사용하고 있으며, 야드-파운드 단위를 사용하는 것은 미국 외에 미얀마와 라이베리아뿐이다.[3] 미국 표준 단위계에서 길이는 인치(1inch=2.5399cm), 피트(1feet=12inch=30.48cm), 야드(1yard==3feet), 마일(1mile=1.60946km) 등의 단위를 사용한다. 무게는 온스(1ounce=28.3495g), 파운드(pound=16ounce=453.59gram), 갤런(1gallon=3.785Liter), 온도는 화씨(Fahrenheit=1.8*Celsius+32)를 사용하는 식이다. 언뜻 봐도 신기한 방식이다. 왜 1피트는 10인치도 아닌 12인치이며, 파운드는 16온스인지 이해가 쉽지 않다. 이 중 피트와 야드는 센티미터와 미터로 변환이 크게 어렵지 않지만, 화씨온도나 온스, 파운드 무게 단위는 처음 봐서는 감이 오질 않는다.

미국 지인들에게 단위에 대해 물어보면 대부분 부끄러워하면서 자조적인 태도를 보인다. 자신들도 유럽이나 캐나다 등 해외여행을 가면 너무 헷갈린다고 답한다. 다른 나라들도 쓰고 있는 공통의 단위로 바꾸는 게 맞다고 생각하면서도 이미 익숙해져서 바꾸는 게 쉽지 않을 것이라는 의견이 대부분이다.

----

3) 위키백과 참고.

Metric Conversion Card

Approximate Scales and Conversions to Metric

Symbol	When You Know	Multiply By	To Find	Symbol
LENGTH				
in	inch	2.54	centimeter	cm
ft	foot	30.48	centimeter	cm
yd	yard	0.91	meter	m
mi	mile	1.61	kilometer	km
AREA				
in²	square inch	6.45	square centimeter	cm²
ft²	square foot	0.09	square meter	m²
yd²	square yard	0.84	square meter	m²
mi²	square mile	2.59	square kilometer	km²
	acre	0.41	hectare	ha
MASS				
oz	ounce	28.35	gram	g
lb	pound	0.45	kilogram	kg
	short ton (2000 lb)	0.91	metric ton	t
VOLUME				
tsp	teaspoon	4.93	milliliter	mL
Tbsp	tablespoon	14.79	milliliter	mL
in³	cubic inch	16.39	milliliter	mL
fl oz	fluid ounce	29.57	milliliter	mL
c	cup	0.24	liter	L
pt	pint, liquid	0.47	liter	L
qt	quart, liquid	0.95	liter	L
gal	gallon	3.79	liter	L
ft³	cubic foot	0.03	cubic meter	m³
yd³	cubic yard	0.76	cubic meter	m³
TEMPERATURE (exact)				
°F	degree Fahrenheit	subtract 32, then divide by 1.8	degree Celsius	°C

미국 표준 단위계 → 국제 표준 단위계 변환표(완벽한 변환이 아닌 어림 계산을 위한 표)
(출처: 미국국가기술표준원(National Institute of Standards and Technology))

미국이 세계의 산업, 금융, 군사 등 전 분야에 걸쳐 초강대국 지위를 유지하고 있으며, 엄청난 소비력을 갖고 있기 때문에 자신들만의 단위를 쓰더라도 미국 내에서는 크게 불편함이 없다. 오히려 다른 국가들이 세계 최고의 구매력(Buying Power)을 가진 미국의 단위에 맞춰서 제품에 단위를 표기해 수출하는 것을 당연하게 생각한다.

하지만 다른 국가들과 단위가 다름으로써 큰 문제가 발생할 수 있는 분야가 있으니 다름 아닌 자연과학 및 공학 분야다. 실제로 1999년에는 미국 NASA에서 발사한 화성탐사선이 단위를 잘못 계산해 폭발하는 사고가 발생했다. 로켓 분사량을 미국의 민간 군수 기업인 록히드 마틴에서는 파운드 단위로 계산해 알려 주었는데, 나사의 엔지니어들이 이를 킬로그램 단위로 생각하고 설계, 3억 달러가 넘게 들어간 화성 탐사 미션이 실패한 것이다. 이후 나사에서는 미국 단위계를 아예 사용하지 못하도록 하였고, 이공계 등 학계에서는 현재 대부분 국제 표준 단위계를 사용하고 있다.

우리나라의 경우에도 미국의 단위와 유사한 사례가 있다. 바로 '만'나이 계산법이다. 전 세계에서 유일하게 우리나라만 제외하고는 모두 만 나이를 사용했다. 즉, 태어난 생일은 0살로 시작하며 1년씩 생일을 맞이할 때마다 나이를 1살씩 추가한다. 우리나라는 태어나면 1살이고, 매년 1월 1일 한 살씩 추가되는 이른바 '한국식 나이(Korean Age)'를 사용해 왔다.

한국식 나이에 대해 미국을 포함한 외국인들은 너무 생소하고 신기하다는 반응이었다. 험프리 프로그램을 통해 만나게 된 다양한 외국인들도 왜 그러한 방식을 쓰는지 물어보며, 자기는 한국 나이로는 몇 살인지 궁금해하곤 했다. 한국에서는 갓 태어난 아이도 엄마 뱃속에서 1년 가까이 자라 왔고, 완결된 인격체로서 1살부터 시작한다고 여긴다고 설명하며, 1월 1일에 한 살씩 먹는 것도 나이를 계산하는 데 편한 측면도 있다고 얘기하곤 했다. 우리나라 사람들은 다들 자신의 만 나이를 알고 있기 때문에 해외에 나와서 만 나이를 활용하는 것이 크게 불편하지는 않다. 하지만, 한국식으로 세는 나이와 만 나이가 다르기 때문에 오는 생활에서의 혼란은 한국에서 생활하더라도 있었던 게 사실이다.

　우리나라도 2023년 6월부터 행정기본법 및 민법이 개정되면서 만 나이로 나이 세는 방법을 통일하게 되었다. 만 나이를 도입하면서 한 가지 궁금한 점이 존댓말이 어떻게 될까 하는 부분이다. 학창 시절부터 우리는 같은 나이에는 서로 말을 놓고 한 살이라도 많은 사람에게는 보통 존댓말을 해 왔다. 사회에서는 초면에 사람을 만나면 보통 이름을 묻고는 바로 나이를 묻는 경우가 많다. 존댓말을 해야 할지 반말을 해도 되는지 확인을 해야 하기 때문이다. 하지만, 미국에서는 자주 보고 친해지더라도 나이를 묻는 경우가 잘 없다. 나이는 굉장한 프라이버시에 속하며, 나이를 알더라도 써먹을 곳이 없기 때문이다. 우리나라도 만 나이로 통일됨에 따라 나이에 따라 존댓말 하는 언어문화가 어떻게 바뀔지 매우 궁금하다.

　법 제도의 변화가 실제 생활 양식을 어떻게 변화시킬지 지켜보는 것도 재미있을 것이다. 법제처에서도 이번 만 나이 통일 제도 개선을 설명하면서 기대 효과로 한두 살 차이를 엄격하게 따졌던 서열 문화를 완화할 수 있을 것으로 제시하고 있다. 개인적으로 우리나라의 나이를 따지는 서열 문화가 사회의 혁신을 저해하고 있다고 여기기 때문에 만 나이 통일이 법, 사회적 혼란을 줄이는 것뿐만 아니라 서열 문화를 조금이나마 완화하기를 기대해 본다.

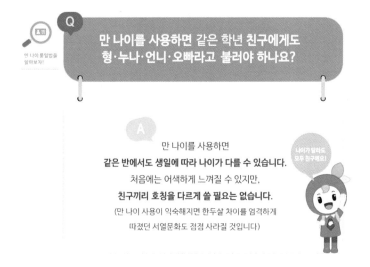

만 나이 사용 시 한두 살 차이를 엄격하게 따졌던 서열 문화도 점점 사라질 것이라고
효과를 제시하는 법제처 설명 자료 (출처: 법제처 홈페이지 설명 자료)

만 나이 통일 외에도 우리나라는 국제적으로 통용되는 단위를 사용하려는 노력을 계속하고 있다. 기존 일본식 지번 주소를 도로명 주소로 전환하려는 전면 시행이 2014년이었으며, 평이나 돈 그리고 근 등 기존 단위를 제곱미터, 그램 등 국제 표준 단위계로 전환한 것이 2007년이다. 여전히 기존의 지번 주소나 평, 근을 사용하는 경우가 많지만, 생활 속에서 국제 표준 단위가 상당히 자리 잡고 있다. 미국이 우리나라처럼 단기적인 불편 및 혼란에 따른 사회적 비용을 감수하고라도 단위 혁신을 추진할 수 있을까? 단기적으로는 기대하기 힘들지만, 앞으로 어떻게 될지 지켜볼 일이다.

5. 미국의 환경 보호

- 누가 기후 빌런인가?

최근 인류의 미래를 위협하는 주요 키워드 중 하나는 누가 뭐라 해도 '기후 변화'일 것이다. 그동안 우리와 상관없는 먼 미래의 일로 여겨지던 기후 변화가 2022년 8월 강남 지역을 휩쓴 폭우 등을 통해 사람들의 살갗으로 느껴지고 있다. 미국도 마찬가지다. 2022년 발표된 자료들에 따르면 2021년의 시라큐스 평균 기온이 지난 120년 중 2번째로 높았으며, 2020년은 4번째로 높았다. 가장 높았던 해는 2012년으로 최근 10년간 평균 기온이 이상적으로 높았음을 알 수 있다.

Top 10 warmest years in Syracuse

The years with the highest average temperature in Syracuse.

Rank	Year	Average temperature
1	2012	52.5
2	2021	52.0
3	1931	51.4
4	2020	51.3
5	1998	50.8
6	2011	50.7
7	1949	50.6
8	1953	50.5
9	2002	50.4
9	1921	50.4
Average	1991 to 2020	48.5

Table Glenn Coin·Source:
NOAA Regional Climate Centers·Get the data·Created with Datawrapper

지난 2020년, 국가기후환경회의 위원장인 반기문 전 UN 사무총장이 우리나라의 온실가스 감축 정책이 미온적임을 비판하면서 한국이 세계 환경 단체들로부터 '기후 악당'으로 지적받는다고 발언한 것이 다시금 이슈가 되었다. 한두 가지 지표만으로 특정 국가를 기후 악당으로 결정할 수 없기에 추가적인 문제가 제기되지는 않았지만, 우리나라의 기후 변화 대응 노력이 국제 사회 기준에 부족한 점이 많다는 것을 일깨워 준 발언이었다. 그렇다면 UN 본부가 있는 이곳, 미국의 환경 보호 상황은 어떠할까.

미국은 기후 변화에 대한 대응을 미국답게 돈으로 해결한다. 국가적으로 엄청난 투자를 통해 대규모 태양광 발전소 및 풍력 발전소를 세우고 전기 자동차 확대를 위해 보조금을 확대하고 있다. 시라큐스 인근에서도 운전을 하다 보면 대규모 태양광 단지와 풍력 발전소를 쉽게 볼 수 있다. 이산화탄소 등 온난화 가스를 많이 배출하는 석탄 발전의 비중은 다른 나라들에 비해 낮은 수준이다. 수송 부문에서 탄소 배출량을 줄일 수 있는 전기차의 보급도 최근 급격하게 증가하고 있다. 이는 바이든 정부의 최근 관련 법(Inflation Reduction Act 2022, 2030년까지 온실가스를 40%로 줄이기 위해 3,700억 달러 투자 예정) 통과로 더욱 가속될 전망이다.

이러한 국가 재정 투자와 달리 시민들의 생활 속 노력은 매우 부족한 실정이다. 우리나라에선 1995년 실시된 쓰레기 종량제가 미국에는 아직 도입되지 않았다. 쓰레기 배출량을 줄이려는 노력 없이 큰 비닐봉지에 생활 쓰레기를 한꺼번에 버리고 있다. 음식물 쓰레기도 분리배출 하지 않고 대부분 싱크대에 설치된 음식물 파쇄기를 통해 하수관으로 직접 버린다. 2020년까지만 해도 시라큐스 지역의 마트에서 장을 보면 무료로 비닐봉지에 물건을 담아 주었다. 2021년 이후 대부분의 마트가 무료 비닐봉지 제공을 금지했지만, 종이봉투를 주는 곳은 아직 남아 있다. 음식점에서도 일회용기를 굉장히 많이 사용한다.

한국 사람들이 미국에 여행 와서 외식하면 놀라는 부분이 음식의 양이다. 1인분이지만 도저히 한 명이 먹을 수 없는 많은 양이 제공된다. 음식을 먹으면서 '양을 줄이고 가격을 낮춰 주면 얼마나 좋을까'라는 생각이 절로 든다. 미국 지인들에게도 물어보니 같은 생각을 하고 있다. 왜 이렇게 많이 주는 건지 물어보면 대식가들이 있으니 부족하지 않게 주는 것이 당연하며,

마트에서 무료로 담아 주는 종이봉투 (저자 직접 촬영)

대부분 남는 음식을 싸 가서 다음날에 먹기에 크게 불만은 없
다는 답이 돌아온다. 실제로 음식점에서 식사가 끝나고 나면
종업원들이 남는 음식을 싸 갈 건지 물어보면서 일회용 플라스

틱 용기를 준다. 우리나라에서는 용기를 달라고 말하는 경우가 많지 않고 일회용 식기 비용을 내기도 하지만, 미국에서는 남은 음식을 싸 가는 것이 일상화되어 있다. 음식을 남기지 않는다는 점은 괜찮지만 애초에 적당한 양을 주면 더욱 좋을 것이다. 문제는 이로 인해 너무 많은 플라스틱 용기가 사용되고 있다는 점이다.

미국은 자동차의 나라로 불린다. 실제 살아 보니 이런 점은 더욱 크게 느껴지는데, 이는 넓은 땅덩어리와 주거 문화가 큰 요인이다. 드넓은 영토에 살면서 단독 주택 단지에서 생활하는 것을 선호하다 보니 대중교통은 발전하지 못하고 개인의 이동은 자가용에 대부분 의존하고 있다. 대부분 성인 1명마다 1대씩 차를 소유하고 있으며, 자식들도 법적으로 운전면허를 딸 수 있는 나이가 되면 바로 면허를 취득하고 싼 중고차라도 사 주는 분위기다.

거주 구역과 일터, 상업 지역의 거리가 기본적으로 멀기 때문에 운전 거리도 상당하다. 미국인의 1인당 운전 거리는 다른 나라들을 압도하며, 이로 인한 온실가스 배출량도 많다. 관련 통계에 따르면 운송 분야의 이산화탄소 환산 온실가스 배출량은 미국이 1,558백만 톤이며, 우리나라는 108백만 톤으로 미국이 3억 명 넘는 인구인 점을 감안하더라도 배출 규모가 훨씬 크다.[4]

일상생활에서 쓰레기 폐기물을 줄이려는 노력, 대중교통 사용을 통한 온실가스 배출량을 줄이고자 하는 노력은 미국이 우리나라와 비교해 한참 부족하다. 처음 미국에 왔을 땐 마트에서 산 물건을 모두 비닐봉지에 싸서 담아 주고 음식물 쓰레기도 분쇄기에 갈아 버리면 되니 편리할 뿐이었다. 저렴한 휘발유값은 또 어떤가. 차를 운행하는 데 어떤 거리낌도 없었다. 그러나 시간이 지날수록 가정 내 쓰레기 배출량도 늘어나고 환경을 신경 쓰지 않는 점이 느껴져 마음이 불편했다. 환경에 관심이 많은 학생과 주민들도 있지만 미국인들의 전반적인 마인드는 환경 보호에 둔감한 편이다.

---

4) World Resources Institution Homepage, "Climate watch Historical GHG Emissions.", 2020년 자료.

당연히 이와 같은 생활 환경은 주마다 혹은 카운티마다 다르다. 내가 거주하고 있는 뉴욕주의 경우 평균보다 진보적인 제도와 문화를 갖고 있는 주라서 중부나 남부의 지역에 뒤처지지 않으리라 생각한다. 물과 음료수 등 페트병을 사면 라벨에 용기 보증금이 적혀 있다. 음료 종류 및 크기마다 보증금의 유무 및 금액이 다른데 뉴욕주나 메인주 등 북동부의 뉴잉글랜드주들이 보증금을 많이 적용하고 있다.

이 환경 보증금 제도가 플라스틱 음료 용기 수거에 큰 도움을 주고 있는 듯하다. 보통 페트병 1개에 5센트를 보증금으로 하기에 한두 달 모으면 수 달러가 되기도 한다. 하지만 페트병 보증금 제도를 운용하는 주가 하지 않는 주보다 훨씬 적은 게 현실이다.

미국은 국가 재정 투입을 통해 재생 에너지 비율 확대 및 전기차 보급 확대를 추진하고 있지만, 실제 미국인의 생활에서는 환경 보호 실천이 크게 부족하다. 개인의 소비를 미덕으로 여기고, 국가 규제를 줄이려는 국가 분위기가 있다 보니 개인의 생활에 불편을 주는 환경 보호 관련 규제가 언제나 얼마만큼 강해질지 예측하기 쉽지 않다. 환경 보호에 대한 개인들의 의식이 앞서가는 한국과 국가 재정 투입이 우선인 미국. 진짜 기후 빌런은 누구일까?

6. 한국에 대한 인식

- 한국 최고의 자랑거리? 'K-POP'이지!

미국에서 새로운 사람을 만나게 되면 가장 많이 하는 영어 회화는? 바로 "What is your name?"이다. 그리고 이어지는 질문은 "Where are you from?"이다.

100여 개 국의 연수생이 모인 험프리 펠로우쉽에 참여하게 되니 국적을 말하고 우리나라를 소개하는 일이 잦았다. 딸아이의 학교에서 한국을 소개하기도 했고, 동네를 산책하다 만나는 사람들과 여행지에서 만난 이들과의 인사에서도 한국에 대한 이야기를 나누곤 한다. Korea에서 왔다고 말하고 나면 한국에 대해 여러 가지 질문을 한다. 그중 첫 번째는 당연히

"North or South?"이다. 처음 이 질문을 받았을 땐 농담으로 물어보나 싶었지만… 그들은 진심이었다. 그래서 나는 대화를 짧게 하고 싶은 경우에는 처음부터 답할 때 "I am from South Korea."라고 답을 한다.

미국인들은 뉴스에서 북한의 도발 관련 소식을 자주 접해서인지 북한에 대한 인지도가 생각보다 높다. 필자에게도 남한이 북한이랑 얼마나 떨어져 있는지, 북한의 핵미사일이 불안하진 않은지 물어본다. 내가 태어나면서부터 북한과 분단 상태였지만 그간 대규모 충돌은 없었고, 한국말을 쓰는 유일한 2개의 동일 민족 국가라서 동질감을 느끼고 있다고 대답하면 그들의 표정은 더욱 아리송해진다. 한국에 대한 이미지 중 큰 부분이 북한의 연이은 미사일 발사 등으로 인한 위험한 국가라니…. 너무 안타까웠다.

이럴 때 그들의 머릿속을 깔끔히 정리하는 단어들이 있으니. 바로 'BTS, 블랙핑크, 싸이'다. BTS나 블랙핑크는 젊은 친구들뿐만 아니라 중년층에서도 꽤나 인지도가 높다. 싸이의

'강남스타일' 노래는 여전히 댄스 파티가 열리면 언제나 빠지지 않는 노래다. BTS나 블랙핑크가 한국인이라고 말하면 "맞아, 한국 아이돌들이었지! 나도 팬이야."라며 반가워한다.

근래엔 〈기생충〉과 〈오징어게임〉 등의 K-MOVIE가 여기에 힘을 더하고 있다. 특히 넷플릭스에서 시청률 1위를 거머쥐었던 〈오징어게임〉의 인기는 대단했다. 2020년 미국의 추수감사절 주간에 미국 친구 가족의 초대를 몇 군데 받았다. 빈손으로 갈 수 없어 〈오징어게임〉에 나온 달고나를 만들어 갔는데, 미국 친구들의 반응이 매우 좋았다. 현지인들이 우리나라 연예인과 K-콘텐츠를 반기는 모습을 볼 때면 자식이 밖에 나가 상을 타고 온 것처럼 뿌듯함을 느낀다. 외국 나가면 모두 애국자 된다는 말은 거짓이 아니었다.

험프리 펠로우쉽에서 만난 친구들은 해당 국가의 공무원 출신이 많아서 한국의 기적이라 불리는 우리나라의 경제 발전에도 관심이 상당했다. 특히 중남미나 아프리카 등 개발도상국에서 온 이에 대한 질문을 심심치 않게 던졌다. 1950년대 전쟁을 겪으며 세계 최빈국에 속하던 한국이 반세기 만에 세계 10위 경제 대국으로 발전한 것, 동시에 민주주의 제도를 뿌리를 내린 점에 대해서 발표할 때면 외국인들의 찬사가 이어졌다.

'나는 우리나라가 세계에서 가장 아름다운 나라가 되기를 원한다. 오직 한없이 가지고 싶은 것은 높은 문화의 힘이다. 문화의 힘은 우리 자신을 행복하게 하고, 나아가서 남에게도 행복을 주기 때문이다.'라는 김구 선생의 소원이 현실이 되고 있다고 느낀다. 미국에 온 초기에는 IT 강국, 높은 치안 수준으로 여행하기 안전한 나라, 아름다운 사계절을 위주로 한국을 소개했으나 지금은 가장 먼저 K-문화를 이야기한다. 외국인들은 한국 문화에 대해 감탄하고, 그것에 대해 듣는 것을 즐긴다. 말하는 이도, 듣는 사람도 행복한 한국 소개 시간이다.

7. 미국의 교육 환경

- 미국에서 학생으로 살아남기

　흔히 우리나라 초·중·고 학생들은 학업 성취도는 좋으나 행복도가 낮고, 상대적으로 미국 등 선진국의 경우는 학생들이 창의적인 교육을 받고 행복도가 높다고 한다. 한편, 미국에서는 초중고 공교육의 부실화가 문제가 되면서 오바마 대통령이 한국의 교육을 좋은 사례로 특별히 뽑으면서 높은 공교육 수준, 기초 학업 성취도, 교사에 대한 높은 처우, 학교의 디지털 전환 수준 부분에서 한국을 본받을 부분이 많다고 발언하기도 했다. 한국의 학부모들이 관심이 많은 미국의 교육 시스템, 실제 경험해 본 미국의 특이점은 무엇인지 살펴보자.

우선 초·중·고의 경우에는 우리나라보다 교과 공부에 투입하는 시간이 적다. 특히 초등학교의 경우를 살펴보면, 공부 부담이 가장 큰 수학 과목은 한국보다 진도가 많이 느리다. 또한, 학생들이 선행 학습을 하는 경우가 많지 않아 경쟁에서 오는 스트레스가 크지 않다. 한국인들이 많이 거주하는 캘리포니아나 워싱턴 D.C, 버지니아 등에는 한국식 수학 보습 학원이 꽤 있지만, 중소도시인 시라큐스에는 초등학생을 대상으로 하는 수학 보습 학원이 없어 선행 학습을 하기도 쉽지 않다.

요즘에는 한국도 예체능에 대한 학부모의 관심이 높아졌고, 주변에 교육을 받을 수 있는 학원들도 많이 늘어났지만 미국은 음악 및 운동에 대한 교육열이 우리나라의 수학에 대한 교육열보다 높은 것으로 느껴진다. 초등학교 저학년 때부터 학교에서 방과 후 수업이나 음악 시간에 다양한 악기를 접하고 배운다. 방과 후 오케스트라를 통해 바이올린이나 첼로 등을 쉽게 배울 수가 있다. 악기를 1년 단위로 빌리고 방과 후 교사에게 배우면서 접근성은 높아지고 가격 장벽이 낮아진다.

운동의 경우도 비슷하다. 남자아이들에게는 미식축구와 농구의 인기가 매우 높으며 축구, 라크로스, 테니스, 골프 등 다양한 스포츠를 즐긴다. 여학생들도 대부분 흥미에 맞는 다양한 스포츠를 배우고 즐기는 점이 장점이다. 수영, 라크로스, 스케이트, 러닝 등 정말 많은 방과 후 수업이나 동네 커뮤니티 모임이 활발하다.

우리나라에서는 어릴 때는 예체능을 많이 배우지만 중·고등학교 진학하면서 예체능으로 진로를 잡지 않으면 학업에 집중하는 경우가 대부분이다. 하지만, 미국은 중·고등학생들도 많은 시간을 할애해서 악기나 스포츠를 배우고 즐긴다. 대부분의 학생들이 예체능을 하나씩은 다루는 문화 때문에 우리나라에서 유학 온 학생들도 이러한 문화를 따라가기 위해 신경을 쓰고 있다. 또한, 대학 진학 시에도 교과 성적만을 반영하는 것이 아니라 다양한 활동을 하는 학생을 우대하기 때문에 연극이나 봉사 활동 등 교과목 외 활동을 필수처럼 여긴다.

미국의 교육과 관련해서 또 한 가지 몰랐던 부분은 학군에 관한 것이다. 미국 집값에 큰 영향을 끼치는 것이 우리나라와 마찬가지로 초·중·고 학군이다. 특히 지역마다 학교의 질 차이가 크다 보니 같은 도시 내에서도 도로 하나를 사이에 두고 학군이 갈리면서 집값도 큰 차이를 보이는 경우가 있다. 그렇다면 학군은 어떻게 결정할까? 이와 관련해서 흥미로운 점은 마치 선거구 확정할 때 '게리맨더링'이 나타나는 것처럼 학군 경계를 설정할 때도 정치적 결정이 이루어지고 있다는 점이다.

오논다가 카운티의 경우 학군(School Districts)이 18개 존재하며, 가장 좋은 학군으로 평가받는 곳은 시라큐스시의 오른쪽에 위치한 파옛빌-맨리우스(Fayetteville-Manlius) 학군이다. 흥미로운 점은 F-M 학군의 경계에서 왼쪽으로 튀어나와 있는 구간이 있다는 점이다. 이곳은 '우드척힐 로드'라는 지역으로, 지도상으로만 본다면 제임스빌-드윗(Jamesville-Dewitt) 학군에 속해야 하지만 이상하게 그 길에 있는 집들만 최고의 학군으로 꼽히는 F-M 학군에 속한다. 이는 '우드척힐 로드'가 오논다가 카운티에서 가장 부자들이 모여 사는 곳이라는 점에 그 원인이 있다. 그 지역에 사는 부자들의 지속적인 요청과 민원으로 학군 경계를 결정하는 지역 교육감(Super-intendent)에게 영향력을 끼친 것일 것이다.

Generalized School District Boundaries in Onondaga County

오논다가 카운티의 18개 학군 지도
(출처: 오논다가 카운티 홈페이지)

슬기로운 미국생활

F-M 학군의 특이한 모습

최근 미국에서는 공립학교의 예산 부족 및 교사 구인난의 이슈가 지속되고 있다. 우리나라도 공립학교의 예산은 지역마다 편차를 보이지만 미국의 경우 지방 자치의 수준이 훨씬 높기 때문에 낙후된 지역에서는 공립학교의 경우 예산 부족이 더욱 큰 문제가 된다.

2022년 9월 18일, CNN에서는 미국 공립학교의 열악한 환경을 보도했는데, 미국토목공학회(ASCE)는 작년 보고서에서 전국 8만4천여 개 공립 초·중·고교의 시설 상태를 'D+'로 평가했다. 전체 학교의 41%가 냉난방환기장치(HVAC) 문제를 보고했으며 전체 학군의 53%가 여러 건물 시스템을 개선·교체할 필요가 있다고 밝혔다. 보도에서는 에어컨이 없어 기온이 높으면 학생을 집으로 돌려보내는 학교의 사례와 교실 천장에서 물이 새는 사례도 지적한다.

또한, 교사의 낮은 처우로 인해 교원 확보가 힘들고 교육의 질이 떨어지는 경우가 많다. 미국에서 초·중·고 교사는 낮은 임금으로 이직률이 높은 편이다. 교사가 수업에 필요한 용품을 사비로 구매해야 하며, 방학 때는 보수가 크게 줄어 파트타임을 하는 경우가 많다. 특히 코로나19를 겪으면서 밀집·폐쇄적인 교실 환경으로 인해 많은 수의 교사가 학교를 떠났으며, 미국 전역에서 구인난으로 인한 대체 일자리의 임금이 상승하여 더욱 교사 구하기가 어려워졌다.

미국과 한국의 교육 시스템을 경험하고 비교해 보니 어떠한 나라든 교육 환경에 대해서는 아무리 노력하더라도 모두를 만족시키기 어렵겠다는 생각이 들었다. 미국의 경우에는 우리나라보다 학생들이 다양한 경험을 하며 좀 더 여유로운 학창 시절을 보낸다. 또한 대학교의 수준은 세계적으로 최고의 평판을 받고 전 세계에서 유능한 유학생들이 모이며, 수많은 노벨상 수상자를 배출하는 등 학문적인 성과도 출중하다. 하지만 공립교육의 질 저하와 함께 지역별 격차가 커지고 교원 수급에 어려움을 겪고 있어 한국의 초중고 교육 시스템의 형평성과 안정성, 높은 기초 학력 수준을 높게 평가하는 것이 현실이다.

8. 정치적 갈등의 심화

- Divided States of America

　한국의 가장 큰 사회 문제 중 하나가 정치적 분열과 갈등이라는 데 이견이 많지 않을 것이다. 세계적인 석학들도 일찍이 우리나라의 정치 갈등의 심각성을 지적한 바 있다. 『국가는 왜 실패하는가』를 쓴 세계적 경제학자 및 MIT 교수인 '대런 애쓰모글루(Daron Acemoglu)'는 2022년 9월 기자 회견에서 '한국의 진짜 문제는 정치 분열'이라고 지적하였다. 『역사의 종말』을 쓴 스탠퍼드대학교 교수 '프랜시스 후쿠야마(Francis Fukuyama)'도 2022년 한 포럼에서 지역주의에 기반한 정치, 사회적 양극화가 한국의 문제라고 지적하였다.

미국의 경우 일본이나 유럽 등 의원내각제 국가들에 비해 상대적으로 우리나라와 유사한 정치 제도를 채택하고 있으며 정치 구조도 유사하다. 대통령제하에서 보수와 진보를 대변하는 2개의 당이 번갈아 권력을 차지하는 상황이 비슷하다. 하지만 미국은 그간 인종 갈등, 경제적 양극화 등이 가장 큰 사회적 문제로 지적되면서 정치적 갈등은 상대적으로 약한 것으로 보였다. 국익을 위해 초당적 협력 및 설득을 통해 의회와 정부가 운영되는 것으로 보였다. 반면, 최근 들어 다양한 이슈나 사건을 둘러싸고 미국의 정치적인 갈등이 심화되고 있으며, 이러한 정치적 갈등이 사회의 심각한 문제로 대두되고 있다.

이는 전 대통령인 트럼프의 영향이 크다고 할 수 있다. 트럼프 전 대통령은 재임 여부를 결정짓는 2020년 대통령 선거에서 패배하였고, 2021년 1월 바이든 대통령이 새롭게 취임한다. 하지만, 트럼프는 선거 결과에 승복하지 않고 투표를 도둑맞았다고 주장했다. 우리나라에서 선거 결과 불복은 매우 드문 일이지만 미국의 경우, 복잡한 선거 제도로 인해 선거가 접전으로 이어지면 논쟁이 되기도 한다. 이번에도 트럼프는 사전 투표 중 우편 투표에 대한 개표에서 조작이 발생한 것 등을 의심하며 투표 결과에 불복했다. 그의 극성 지지자들은 미국 의회인 상·하 양원에서 바이든 대통령을 인준하는 절차를 방해하기 위해 2021년 1월 6일 워싱턴 D.C의 국회의사당으로 모여들었고, 시위는 점차 격화되어 시위대가 국회의사당 건물로 진입하여 경찰과 충돌, 최소 5명이 사망하는 참극이 벌어졌다.

한국에서는 크게 조명되지 못했지만 미국에서는 1월 6일 폭동이 엄청난 충격과 이슈로 다가왔다. 전문가들은 1월 6일 사건으로 인해 미국이 1865년 종료된 남북전쟁 이후로 두 번째 내전이 발생할 수 있다고 우려할 정도였다.[5] 구체적으로는 공화당 지지층이 많고 트럼프를 적극 지지 하는 주지사가 있는 남부의 텍사스, 미시시피, 조지아 등에서 선거 결과를 불복하고 연방 정부 및 사법부에 대항하여 내전에 버금가는 충돌이 발생할 수도 있다는 것이다. 1월 6일 폭동은 2년 가까이 지나가고 있지만 여전히 진행 중인 문제다. 의회에서는 위원회를 구성해서 당시 사태를 누가 조장했는지를 조사하면서 트럼프 대

---

5) 'Is the United States headed for civil war?', Washington Post, 2022. 8. 26.

통령까지 지속적으로 언급하고 있다.

미국에서 역사적으로 지속되어 온 인종 간 갈등도 여전하다. 특히 최근 흑인들로 하여금 인종 차별 문제에 대해 큰 반발을 불러일으킨 사건이 발생하였다. 2020년 5월, 미네소타의 미니애폴리스에서 흑인 남성인 조지 플로이드가 경찰의 과잉 진압에 의해 사망하는 사건이 발생하였다. 미국은 총기 사건이 많이 발생하므로 경찰도 총기를 사용하여 범죄를 진압하는 경우가 많다. 경찰의 총격에 의해 용의자가 현장에서 사망하는 경우도 드물지 않다. 하지만 플로이드의 경우는 좀 달랐다. 그가 편의점에서 20달러짜리 위조지폐를 사용했다는 신고를 받고 출동한 경찰은 그를 바닥에 엎드리게 한 뒤 무릎으로 목을 짓눌러 결국 사망에 이르게 한 것이다. 사건 이후에 시민에 의해 촬영된 당시 동영상에서는 플로이드가 경찰의 진압에 크게 저항하지 않았으며, 목을 짓눌리면서 숨을 쉴 수 없다고 살려 달라고 소리치는 장면이 공개되면서 엄청난 충격을 일으켰다. 이 사건으로 미네소타는 물론이고 미국 전역에서 경찰의 과잉 진압과 인종 차별에 반대하는 시위가 지속되었다.

당시에는 시라큐스 지역에서도 큰 규모의 시위가 있었는데, 시위대가 시청 커뮤니티 센터 건물 창문을 부수고 인근 가게 시설도 파손하는 등 과격한 시위가 벌어졌다. 다른 도시들에서는 야간 통행금지령이 발령되기도 하는 등 미국 전체가 'Black lives matter(흑인 목숨도 소중하다)' 운동으로 뒤덮였다.

2022년에는 낙태 권리를 둘러싼 논쟁이 큰 이슈가 되었다. 그동안 미국에서는 1973년 대법원의 판결에 따라 낙태권이 헌법에 따른 권리로 인정되었다. 하지만 2022년 6월, 미국 연방대법원에서 기존의 판결을 뒤엎고 낙태권은 헌법에서 직접적으로 보호하는 권리가 아님을 판결하였다. 다만, 이에 따라 낙태가 바로 반헌법적 권리가 된 것은 아니며, 낙태 가능 여부에 대해서는 각 주의 의회에서 결정하도록 바뀌게 된 것이다. 대체적으로 보수적인 공화당이 다수당을 차지하는 남부 및 중서부 주에서 낙태가 금지되거나 극도로 제한될 것으로 전망된다. 낙태권에 관한 논쟁은 당연히 미국 사회에서 큰 이슈로 부각되었다. 2022년 11월 중간 선거에서도 유권자들이 투표를 결정하는 핵심 요인으로 인플레 등 경제 이슈에 이어 두 번째로 낙태

권리 이슈를 꼽았다.

이 판결의 배경에는 미국만의 대법원 관련 제도가 있다. 우리나라에서는 대법관의 임기는 6년으로 연임이 가능하지만, 정년이 70세로 정해져 있다. 반면 미국은 연방 대법관의 임기가 따로 없이 종신직이다. 한 번 임명되고 나면 자진 사퇴나 탄핵 없이는 죽기 전까지 대법관 자리를 유지하는 것이다. 이는 임명된 대법관이 정치권이나 다른 세력의 눈치를 보지 않고 독립적인 판결을 하는 데 도움을 줄 수 있다. 하지만, 최근 들어서는 대법관을 지명하는 대통령의 이념 성향에 따라 더욱 극단의 이념을 가진 대법관들이 임명되고 있다.

2022년 말, 현재 미국 대법관 전체 9명 중 진보는 3명, 보수는 6명의 대법관이 임명되어 있다. 특히 보수 중 3명은 트럼프 대통령이 지명한 대법관들로, 보수 색채가 아주 강한 것으로 평가받는다. 게다가 다분히 의도적으로 보이지만 가능한 나이가 어린 대법관을 지명하여 자신의 이념 성향을 가진 대법관이 더 오래 자리를 유지할 수 있도록 하고 있다.

2020년 9월, 대선을 얼마 앞두고 있지 않은 시기에 '루스 긴스버그(Rush Ginsburg)'대법관이 사망하였다. 그녀는 진보의 아이콘이었던 대법관이었다. 당시 지지율이 높지 않았던 트럼프 대통령은 자신의 임기가 남아 있을 때 서둘러 '에이미 배렛(Amy Barret)' 판사를 대법관 후보로 지명했는데, 그녀는 1972년생이며 신실한 가톨릭 신자이자 긴스버그와는 반대로 보수주의자였다. 그녀의 임명으로 인해 대법관의 이념 구도가 기존 보수 5, 진보 4에서 보수 6, 진보 3으로 바뀌었다. 이러한 영향으로 최근 연방 대법원의 판결이 보수적으로 흐를 수밖에 없었고, 최근 낙태권에 관한 대법원의 판결도 이어진 것이다.

트럼프 전 대통령의 대선 결과 불복, 플로이드 사건으로 인한 인종 갈등, 낙태권 논쟁 이외에도 미국에서는 코로나19 백신 정책, 총기 규제 정책, 이민자 수용 정책 등과 관련해서 진보와 보수의 갈등이 격화되고 있다. 특히 미국에서는 연방제의 특성 탓에 진보와 보수의 지지층이 확실한 주들 간의 갈등과 분열로 이어지고 있다. 이런 분열이 계속 심해지다가는 전문가들의 우려와 마찬가지로 국호를 현재의 'The United States of

America'에서 'The Divided States of America'로 바꿔야 하는 건 아닌지 모르겠다.[6]

---

6) 'Divided States of America: Roe v Wade is 'precursor to larger struggles', The Guardian, 2022. 5. 10.

9. 미국의 치안

- 안전한 대한민국

한국 사람들이 미국에 와서 살아가는 데에 가장 큰 걸림돌이 되는 것이 무엇일까 생각해 보면, 언어와 치안이 가장 먼저 떠오른다. 언어의 장벽은 세계 어느 나라를 가더라도 피할 수 없는 것이며, 미국 생활 기간이 길어질수록 속도는 더딜지라도 영어도 잘 들리고 말하는 것도 나아짐을 느낄 수 있었다. 하지만, 하루가 멀다 하고 일어나는 총기 사건 및 강도 등 미국의 치안은 시간이 지나도 개선될 기미가 보이지 않았으며, 심지어 개선하려는 의지가 부족한 것이 아닌가 하는 생각이 들 정도였다.

미국에 험프리 과정을 위해 처음 캔자스대학교에 도착해서 일주일은 미국 생활에 대한 오리엔테이션을 들었다. 오리엔테이션 중 한 파트는 일상생활에서 주의할 점을 알려 주는 시간이었다. 우선 기본적으로 혼자서 거리를 걷는 것을 조심하라고 했다. 당연히 해가 지고 나서는 조심해야겠다고 생각하고 있었지만, 낮에도 거리를 걷는 것은 위험하다고 하니 당황스러웠다. 또한 만약에 강도를 만났을 경우에는 바로 지갑을 줘야 하며, 혹시라도 카드나 신분증을 꺼내고 돈만 주려고 지갑을 여는 것도 금물이라는 주의를 받았다. 처음 이러한 안내를 받을 때는 농담으로 하는 얘기인지 의심스러웠다. 미국의 다운타운은 노숙자도 많고 위험하다는 얘기는 많이 들었지만, 학교 주변의 조용한 시골 도시에서 길거리에서 강도를 만날 때 행동 요령을 배우게 될 줄을 몰랐던 것이다.

운전을 하다가 과속이나 신호 위반으로 경찰을 만났을 때 요령도 여러 번 듣게 되었다. 만약 과속 운전이나 신호 위반 등을 하게 되면 경찰은 내 차 뒤로 붙어서 오며 경광등을 켠다. 그런 경우 천천히 속도를 줄여 갓길에 주차를 해야 한다. 이때 중요한 점은 차에서 내리면 안 되고 두 손을 핸들에 올려 두어야 한다는 것이다. 만약 차에서 먼저 내리거나 글로브 박스나 가방 등에서 면허증을 꺼내기 위해 뒤적이는 것은 절대 금물이다. 범죄자가 총을 꺼내어 경찰을 공격하는 경우가 있기 때문이다. 황당하긴 하지만 경찰의 입장에서 교통 위반을 단속하는 경우에도 범죄자의 총기를 조심해야 하는 것이니 안타까운 상황이다.

대부분 도시의 중심부 다운타운은 슬럼화가 진행되어 치안이 좋지 못하다. 우리나라도 지방의 도시들에는 구도심이 형성되어 빈 건물이 방치되는 경우가 있어 문제가 되기도 하지만, 미국은 한층 더 심각하다. 뉴욕이나 LA, 시카고 등 대도시도 물론이고 시라큐스와 같은 지방 중소도시에도 다운타운에는 노숙자가 흔히 보이며, 으슥한 곳에는 소매치기나 총기 사건 등 강도 사건이 자주 발생한다. 이에 대한 대응은 더욱 문제라고 느끼는데, 미국에서는 개인이 위험한 곳을 가지 않고 조심하는 것이 먼저라고 생각한다. 만약 우리나라에서 우범 지대가 형성되고 시민들이 치안을 불안하게 느끼게 된다면 당장 사회적인 큰 이슈로 이어져서 정부에 문제의 해결을 요구하게 될 것이다.

하지만 미국에서는 대부분 이에 대해 주변인들에게 얘기해 보면 대응이 '원래 다운타운은 위험하니 혼자 걸어 다니지 말아라', '차로 이동하면 큰 위험은 없을 것이다'등 개인이 조심하는 것을 우선 얘기하곤 한다. 많은 범죄가 발생하고 치안이 불안한 현실이 지속되는 상황이 언제까지 이어질지, 미국 시민들이 과연 어느 수준까지 이를 용인할 수 있는지 앞으로도 지켜봐야 할 듯하다.

〈STOP means STOP!〉

3여 년의 미국 생활 중 필자도 교통경찰의 단속에 딱 한 번 걸린 적이 있다. 경찰차가 바로 뒤에 따라오며 경광등을 번쩍일 때의 그 긴장감이란! 사전에 미국 생활 오리엔테이션에서 배운 대로 절대 차 문을 열고 나오지 않고 창문만 열고는 두 손은 핸들에 붙인 채로 경찰관에게 'How are you doing, Officer!'라고 공손하게 인사했던 기억이 난다.

당시 필자가 위반한 내용은 바로 일시 정지 표지판(STOP)을 3미터가량 지나서 멈춰서였다. 당시는 처음 지나는 시골길이라 목적지를 찾으며 운전하고 있었는데 신호등이 없는 삼거리 교차로에서 직진 방향에 있는 스톱 사인을 미처 못 보고 지나가고 있던 중이었다. 삼거리 왼쪽 진입로에서 경찰차가 멈춰 서 있는 것을 보고 깜짝 놀란 와중에야 스탑 사인을 보고 멈췄는데, 이미 3미터가량 정지선을 지난 후였다. 다행히 당시에 경찰관은 딱지(Ticket)를 발부하지 않고 다음부터 스탑 사인을 꼭 지키라는 당부만 하고 보내줬다.

미국의 교통 문화 중 우리나라와 가장 다른 점을 꼽자면 바로 일시 정지 표지판, 스톱 사인을 반드시 지킨다는 점이다. 단순히 속도를 줄이고 주변을 살피며 서행하게 되면 반드시 경찰에게 단속당한다. 성격 급한 한국인들이 미국에서 운전면허 시험을 보면서 가장 많이 감점당하는 부분도 바로 일시 정지 표지판에서 완전히 멈춘 상태에서 3초간 전후좌우를 꼼꼼히 살피고 다시 움직여야 하는 부분이다. 미국에서 운전을 하면서 정말 놀랐던 점은 거의 모든 운전자들이 일시 정지 표지판을 정확하게 지킨다는 점이다. 지나가는 사람이 없더라도, 주변에 차가 없는 늦은 밤이라도 다들 스톱 사인 앞에서는 정확하게 완전히 정지한 후 적어도 1초 정도는 주변을 보는 척이라도 한 후에 다시 출발을 한다. 미국 생활 초반에는 익숙지 않아서 스톱 사인에서 멈추고 좌우를 살피는 게 조금은 답답한 느낌도 들었다.

하지만 몇 달이 지나고 익숙해지니 오히려 일시 정지를 하는 것이 너무 편하게 느껴졌다. 특히 일시 정지를 모두 지키는 게 당연해지니 교차로에 신호등이 많이 필요 없기 때문에 오히려 신호 대기 시간으로 인한 시간 낭비가 줄어든다. 누구나 교차로에서 스톱 사인 앞에 멈추고 교차로에 도달한 순서대로 한 대씩 이동하다 보면 신호등이 있을 때보다 훨씬 빠르게 이동할 수 있다. 우리나라에서도 최근 교통량이 많지 않은 곳에서는 회전 교차로를 도입하여 신호대기 시간을 줄이고 있지만, 회전 차량에게 우선권이 있는 것을 지키지 않은 차량들이 간혹 있어 불안한 마음이 든다. 다만, 이러한 일시 정지 표지판도 뉴욕 맨해튼과 같은 대도시 도심지에서는 지켜지지 않는 경우를 보았다.

교통 체증이 심한 경우에는 미국인들도 스톱 사인을 서행만 하면서 지나가는 것을 보니 대도시에서는 일시 정지를 완전히 강제하기 쉽지 않겠다는 생각이 들었다.

이 외에도 스쿨버스가 멈추게 되면 따라오는 차량이 멈추고 추월이 금지되는 것은 당연하며, 반대편 방향에서 오는 차량도 반드시 멈춰야 하는 부분도 굉장히 잘 지켜지고 있었다. 아이들은 하차하자마자 바로 뛰어서 횡단보도를 건너거나 무단 횡단을 하는 경우가 많은데, 이에 따른 사고를 방지할 수 있는 교통 문화라는 생각이 든다.

우리나라에서도 2022년 7월, 도로교통법의 개정으로 우회전 일단 멈춤 제도가 시행되었다. 아직까지는 운전자들이 어색해하는 경우가 많지만, 제도의 변화는 행동의 변화를 가져오고 결국은 문화의 변화로 이어질 것이라 생각한다.

10. 인플레이션 현실

- 올라도 너무 오른다

2022년 한 해, 미국 뉴스에서 가장 많이 언급되는 이슈는 바로 인플레이션이다. 주거 비용, 가솔린 및 경유 등 기름값, 식재료 및 외식비 등 전 분야에 걸쳐 높은 인플레이션으로 인해 미국의 경제가 휘청하고 있다.

이러한 인플레이션은 길지 않은 시간 동안 체류하고 있는 나도 심각하게 느낄 수 있었다. 처음 미국 생활을 시작하던 2019년 하반기에 차량에 들어가는 일반 가솔린은 리터당 800원 후반대(갤론당 2달러 후반대, 환율 1,200원대)를 유지하였다. 거주하고 있는 뉴욕주는 미국 평균에 비해 꽤나 높은 기름값을 유지하였지만, 한국의 절반 가격에도 미치지 못했었다. 때문에 대부분의 미국 차들은 연비보다는 출력을 중시하는 경향이 있다. 구입한 중고차도 SUV에 3000cc 가솔린을 사용하다 보니 연비가 시내에서는 연비가 리터당 8km를 오르내렸다. 그럼에도 불구하고 낮은 기름값으로 인해 오히려 한국에서보다 기름값은 덜 드는 상황이었다. 하지만, 현재 기름값은 2.5배 가까이 상승하여 리터당 2,000원대(갤론당 5달러 중반대, 환율 1,400원대)를 유지하고 있다. 기존에는 보통 기름을 가득 채우는 데 40달러 정도 지불했었지만, 지금은 최소 80달러는 지불하고 있다. 환율 효과까지 더해지니 주유소 가는 것이 진심으로 두려워지고 있다.

석유류 등 에너지 물가 및 식재료 물가는 러시아-우크라이나 전쟁을 주된 원인으로 파악된다. 세계적인 곡창 지대인 우크라이나와 러시아의 곡물의 생산이 급감하고 생산된 곡물도 수출길이 막히게 되었다. (국제 밀 교역 점유율, 러시아 19.9%, 우크라이나 8.5%[7]) 천연가스 및 석유의 주요 수출국인 러시아에 대한

---

7) FAO STAT, KREI, 최근 3개년 평균, KBS 〈다큐인사이트〉, 2022. 6. 9., '퍼펙트 스톰' 재인용.

제재로 국제적인 에너지 가격의 폭등을 불러일으켰다.

근본적인 내부 요인도 있다. 2020년~2021년 코로나19를 대응하면서 미국 정부가 엄청난 양의 돈을 시중에 풀었기 때문이다. 경기 부양 및 인프라 투자를 위해 과도한 확장적 통화 정책을 시행한 후유증이 지금 인플레이션으로 나타나고 있는 것이다. 이는 미국만의 정책은 아니었다. 코로나19에 대응한 투입 재정으로 영국 약 930조 원, 중국 약 1,400조 원, 독일 약 2,000조 원, 일본 약 3,200조 원을 투입하였고, 우리나라도 약 345조 원을 투입하고 있다. 미국은 다른 나라들보다 훨씬 많은 약 5,300조 원을 투입하였다.[8] 확장적 통화 정책은 시중에 엄청난 돈이 풀리게 되었고 자연스럽게 돈의 가치가 떨어져 인플레이션을 불러일으키게 되었다.

미국은 우리나라에서는 흔한 전세 제도가 없이 대부분 주택을 매매 또는 월세로 이용한다. 이 중 월세 인상률이 특히 가팔라서 주택을 소유하지 못한 청년층이나 서민층의 어려움이

---

8) IMF, KOTRA, 백악관, KBS 〈시사기획 창〉 재인용.

가중되고 있다.

　최근 1년간(2021년 5월~2022년 5월) 평균 월세 인상률은 뉴욕 24%, 오스틴 48%, 시애틀 32%, 내슈빌 32%로 미국 주요 도시의 월세 인상률이 상상을 초월할 정도이다.[9] 또한, 미국 전체에서 월세를 연체하고 있는 세입자가 약 850만 명에 달할 정도라고 한다.[10]

　이러한 현상은 최근 급격한 경제 상황 변동으로 인해 주택을 사려는 사람의 수요가 줄어들고, 대신 일시적 월세의 수요가 증가하기 때문으로 분석된다. 또한 최근 급격한 금리 인상으로 인해 차입을 통한 주택 구입 수요가 줄어들고 있다.

　인플레이션에 대응하기 위한 정책으로 전 세계 국가들이 정책 금리를 급격하게 인상하고 있다. 1년 전만 하더라도 세계 선진국 대부분은 제로 금리를 유지하고 있었다. 하지만 최근 들

---

9) Redfin, KBS 〈특파원 보고 세계는 지금〉 2022. 6. 18 방송 재인용.
10) 미 연방 인구조사국 조사, 2022. 8., KBS 〈특파원 보고 세계는 지금〉, 2022. 9. 24., 재인용.

어서는 세계 각국이 '자이언트 스텝', '울트라 스텝' 등 기존 뉴스에서 보기 힘들었던 용어들이 등장하면서 매달 0.5%p, 0.75%p를 인상하고 있다. 미국은 이러한 세계적 금리 인상을 주도하고 있다. 미국이 금리를 선제적으로 높이다 보니 우리나라를 포함한 모든 나라들이 불가피하게 금리를 따라서 올릴 수밖에 없는 것이다. 기축 통화로서의 달러의 위상이 드러나고 있다.

예전에 경제학을 공부할 때 우리나라는 '소규모 개방경제 (Small open economy)'라는 점을 기본 전제로 깔고 모든 현상을 분석하였다. 국제 금리를 외부에서 정해진 외생 변수로 취급하고 우리나라의 금리와의 차이에 따라 국제 수지의 흐름을 예측하였다. 2022년 최근 상황의 경우, 미국이 금리를 급격하게 올리다 보니 한국의 금리가 더 낮아지고 자금은 우리나라를 벗어나 더 높은 금리를 받을 수 있는 미국으로 빠져나가고 있는 것이다. 하지만 미국의 경우 국제 금리를 바로 미국의 연준(연방준비제도이사회, Federal Reserve Board)에서 결정할 수 있다. 미국은 다른 나라의 상황을 크게 신경 쓸 필요 없이 국내의 현안인 인플레이션을 잡기 위해서 급격한 금리 인상을 계속하고 있다.

2023년까지도 미국은 금리를 계속 올리고 있지만, 인플레이션이 기대만큼 잡히고 있지 않은 상황이다. 미국 연준은 앞으로도 단기적으로 금리를 더 올려서라도 인플레이션을 낮추겠다고 강조하고 있다. 따라서 당분간은 미국이 금리를 선제적으로 올리고 우리나라를 포함한 세계 각국도 금리를 어쩔 수 없이 올리게 되는 현상이 지속될 것이다. 높은 금리는 부채를 갖고 있는 일반 시민의 고통으로 돌아오게 될 것이며, 이는 덜 부유한 개도국에 더욱 큰 고통을 가져오게 된다는 점에서 미국의 급격한 금리 인상은 역시나 또 하나의 미국 우선주의적인 정책이 아닐까 생각하게 된다.

11. 미국에서 생긴 새로운 가족

- 정 많은 외국인?

　미국에서 만나서 큰 인연이 되고 많은 도움을 받은 가족을 소개할까 한다. 필자가 처음 미국에 갈 수 있게 된 계기인 험프리 프로그램은 각국의 젊은 인재를 선발해 1년간 미국 대학에서 교육받을 기회를 주며 다양한 문화 교류의 기회를 제공한다. 또한, 각 대학들은 펠로우들의 원활하고 빠른 지역 사회 정착을 위해 지역에서 희망자를 받아 호스트 패밀리(Host Family)를 지정하여 결연 가족 형태로 운영한다. 나는 시라큐스대학교에서 캐롤 부부와 인연을 맺어 주어 가깝게 지내게 되었다.

　캐롤 부부(Mr. and Mrs. Carroll)는 미국의 중상류층 가정의 전형적인 모습을 보여 주고 있어서, 그들을 통해 미국인의 생활 상을 좀 더 가까이에서 볼 수 있었다. 가장인 '톰(Tom)'은 시라큐스 교외 지역에 그의 이름을 딴 개인 치과병원을 운영 중인, 잘나가는 치과의사다. 아내인 '멜라이니(Melanie)'는 시라큐스대학교의 교직원이다. 박사 학위를 갖고 있으며 해외 고등학교와 연계한 국제 교류 프로그램 운영을 담당하고 있다. 부부는 딸이 2명 있으며, 둘 다 대학생이다. 첫째인 '미켈라(Mikayla)'는 시라큐스대학교 미술대학에서 공예를 전공하고 있으며, 둘째인 '드레이니(Delaney)'는 UCLA에서 화학을 전공하고 있어 나중에는 아빠와 같은 치과의사를 꿈꾸고 있다.

그들은 부자 동네로 유명한 시라큐스 교외 지역에 멋진 영화에 나올 법한 단독 주택에 거주하고 있었다. (실제로 캐롤네 집에서 꽤나 유명한 드라마 촬영을 하기도 했었다고 한다.) 거대한 이층집인데, 뒤뜰에 수영장은 물론이고 집안에 당구대와 영화관 시설이 갖춰져 있다. 이 집 외에도 호수 근처에 별장이 있어 주말이나 명절에는 그곳에서 자주 가족 모임을 한다.

이처럼 남부러울 것 없이 완벽한 가족이다 보니 처음에 만났을 때는 조금 부담스럽기까지 했는데, 실제로는 너무나 인정 많고 친절한 가족이었다. 긴 연휴에 외로울까 항상 가족 모임에 초대해 줬으며, 초기에 가구나 생활필수품이 없을까 봐 차에 다양한 물품을 갖고 집을 방문하기도 하였다. 딸아이가 치통이 갑자기 심해졌는데 치과 진료 잡기가 너무 힘들었을 때도 흔쾌히 따로 시간을 빼서 톰의 치과에서 공짜로 발치를 해 주기도 했다. 험프리 기간이 끝나고 한국에 귀국할 때와 다시 미국으로 출국할 때도 항상 자기들이 도와줄 부분이 있는지 세세하게 챙겨 주었다. 한국에 대한 관심도 많아 우리가 준 기념품 들을 항상 잘 보이는 곳에 두고 친지들에게 자랑한다고 했다.

완벽해 보이지만 그들이 가지고 있는 스트레스나 어려움에 대한 얘기도 들을 수 있었다. 지나친 음주로 인한 친지의 문제나, 부모님의 재혼 상대 등 친지 중 맘에 맞지 않는 사람이 있다는 얘기, 코로나19 기간 중에 치과가 문을 닫아 직원들 월급을 주기 위해 대출을 받아야 하는 등 경제적 어려움을 겪었다든지 등 다양한 실제 생활 얘기를 들을 수 있었다. 또한 그들은 민주당 지지자였는데, 트럼프 대통령에 대한 불만 등 정치 얘기를 할 때면 한국에서 정치 얘기를 하는 것과 너무 비슷하여 웃음이 절로 나곤 했다.

우리 가족도 그들에게 받은 정을 조금이나마 보답할 기회가 있었는데, 한국으로 귀국하고 나서 멜라이니가 한국으로 출장 올 기회가 생겨서 두 딸과 함께 방문을 하게 되었다. 우리 가족은 반가운 마음에 주말을 이용해 서울에서 만나 제대로 된 한식도 소개해 주고, 함께 경복궁도 방문하는 등 뜻깊은 시간을 보내기도 했다.

캐롤 부부 외에도 여러 좋은 이웃을 만나기도 했다. 친절한 동네 이웃 데이빗 할아버지, 초등학생 딸의 같은 반 학부모 인연으로 만난 사라, 엘리자베스, 샌디, 알렉스 등 고마운 인연이 많다. 그들을 통해 미국 생활 및 육아에 도움이 되는 정보도 많이 얻었으며, 이 책에 나오는 주제들에 대해서도 토론하며 미국인들의 견해를 들어 볼 수 있었다.

미국에 오기 전까지는 언어 소통도 원활하지 않고, 미국 사람이면 정이 없어서 마음으로 통하는 게 없을 거라는 편견이 있었던 것이 사실이다. 비록 미국에서 다양한 계층이나 많은 사람들을 만나지는 못했지만 한 가지 내릴 수 있는 결론은, 세상은 어느 곳이나 마음 따뜻한 사람들이 많다는 점이었다. (물론 일부 가게의 점원이나 도심에서 스쳐 가는 사람 중에는 시비를 걸거나 인종 차별이라고 느낄 정도로 불친절한 경우가 있어 스트레스의 원인이 되기도 하였다.) 하지만, 미국은 기본적으로 친절과 유머를 기본 소양으로 여긴다는 점에서 처음 관계를 맺기가 용이한 측면이 있었다. 우리나라의 경우 체면을 중시하는 문화나 혈연, 학연, 지연 등 연고주의가 강해서 연고가 없는 이웃에게는 오히려 미국인들보다 더 덜 친절하지 않나 하는 생각도 하게 되었다.

너무 감사한 인연, 마틴 할아버지

　우리 바로 앞집에는 정말 신기하고 감사한 인연을 가진 할아버지가 살고 계셨다. 마틴(Martin) 할아버지인데, 그는 1954년 한국 전쟁 휴전 직후 공병으로 우리나라에 파견되어 주한미군으로 1년 좀 넘게 한국에 계셨다. 강원도 인제에서 근무하면서 정말 추웠던 한국의 겨울이 아직도 기억난다며 당시 사진을 보여 주기도 하셨다. 그 이후 한국에 대한 애정을 크게 느껴서 지금 한국의 발전한 모습을 보면서 너무 감사하고 고맙다고 눈물을 흘리실 때면 인정 많은 마틴 할아버지께 깊은 감동을 느끼기도 했다.

　마틴 할아버지는 당시의 인연을 계속 깊게 간직하고 계셨는데, 그 이후로도 한국에 초청받아 방문했던 경험이 너무 좋았다고 얘기하셨다. 우리를 만난 인연도 참으로 감사하다고 몇 번이나 말씀하셨는지 모른다. 할아버지는 심지어 한국에서 막내 손녀딸을 입양까지 하기도 했다. 또한, 90세가 다 되어 가는 고령에도 불구하고 최근에는 한국을 배경으로 한 이야기를 쓰고 계신다면서 우리에게 이야기에 나오는 인물들의 한국식 이름이 어색하지 않은지 물어보시기도 했다. 그의 한국에 대한 애정은 우리나라 사람도 쉽게 상상할 수 없을 정도로 대단히 깊었다.

40대인 필자나 후손들은 한국 전쟁 시절이나 어려웠던 근현대사를 직접 체험하지 못했지만, 이렇게 미국에서 마틴 할아버지를 만나고 직접 그 시절의 사진을 보며 얘기를 나누다 보니 가슴에 깊이 와닿고 감사한 마음이 절로 들었다. 특히, 우리 딸도 함께 대화를 나누며 살아 있는 교육까지 받을 수 있었다.

아래는 마틴 할아버지의 인터뷰와
당시 사진을 볼 수 있는 한국전쟁유산재단 QR코드다.

2부.

미국의 제도

—

모든 정책에는 나름대로의 사정이 있다

1. 미국의 총기 정책

- 마트에서 총을 살 수 있는 나라

미국의 총기 소유 정책만큼 한국 사람들이 받아들이기 힘든 게 또 있을까? 우리나라는 역사적으로 민간인이 총기를 소유한 적이 없다. 미국의 많은 시민이 총을 소지하는 이유가 무엇인지, 총기 관련 사고가 심심찮게 일어나는데도 총기 규제가 현실화되지 않는 그들의 속내가 궁금했다.

이곳에서 생활하다 보니 실제 미국의 총기 규제는 생각보다 훨씬 더 약한 수준이었다. 총기의 소유(Gun ownership)와 휴대(Gun carry)에 관한 규정은 지방 자치의 나라답게 주마다, 주 안에서도 카운티 정책에 따라 다르다. 내가 거주하는 뉴욕주는 주지사 및 주 의회를 민주당에서 차지하고 있고 미국 제1의 도시인 뉴욕시를 포함하고 있기 때문에 총기 관련 규제가 다른 주에 비해 강력한 편이다. (하지만 미국에선 강력한 규제의 수준이 다음과 같다.) 뉴욕시티를 제외한 대부분의 뉴욕주에서는 18세 이상이면 별도 허가 없이 소총 및 산탄총을 구매할 수 있다. 16세부터 18세까지는 소총을 구매할 수는 없으나, 소지할 수는 있다. 21세 이상이면 권총을 구매할 수 있다. 권총 면허를 취득하면 공항, 법원, 학교를 제외하고는 장전된 권총이라도 외부에 보이지 않는 경우 무제한으로 휴대할 수 있다. 특이한 점은 규제의 수준이 권총의 경우가 소총(라이플 총)보다 더 높다는 점이다. 소총이 유효 사거리가 훨씬 더 길고 연발 사격이 가능하며 탄창 수량도 훨씬 크지만, 권총은 백 팩이나 호주머니에도 소지가 가능하기 때문에 범죄에 더 자주 활용되어 규제의 수준이 높은 것이다.

우리가 보기에는 아주 느슨한 뉴욕주의 규제 수준이 미국 내에서는 엄격한 편이라는데, 그렇다면 규제가 덜한 지역에서 총을 사 와서 뉴욕에 가져오는 일은 없을까? 실제로 이런 일들이 일어나며 범죄와 연관되기도 한다. 뉴욕주를 포함해 미국 전역에서 정식으로 등록되지 않은 유령 총(ghost gun)으로 인한 범죄가 크게 늘어나고 있다. 실제 기사화된 사례를 보자. 플로리다에서 '빅터 바크케스(Victor Vazquez)'라는 사람이 2016년 반자동 권총을 구매했으나, 3주 뒤 이 총은 장전된 채로 뉴욕주 시라큐스의 한 고등학교 건물에서 학생의 가방 안에 들어 있는 채로 발견되었다. 뉴욕에서는 권총을 사는 데 허가가 필요하지만 플로리다에서는 허가가 필요 없다. 대신 구매 시 사전 체크 항목들이 있는데, 그는 허위 정보를 기재하고 구매한 것이다. 이름을 조금씩 달리해서 여러 개의 총을 구매하고, 자신이 직접 사용할 용도라고 기재했지만 실제로는 뉴욕주에 와서 불법적으로 판매한 것이다. 그는 6개월간 최소 30정의 총을 구매했으며, 이 중 13개는 범죄에 사용된 것으로 밝혀졌다.

이처럼 뉴욕이 강한 수준의 규제를 갖고 있다 보니 반대로 암시장이 활성화되면서 유령 총이 증가하고 이로 인한 범죄 문제로 이어지고 있다.[1)

---

1) Legal in Florida, Illegal in New York (Syracuse.com 2022. 11. 27., 'Small players feed a big gun problem: 1000 crime guns have come from out-of-state.

더욱 놀랐던 점은 총기의 판매 부분이다. 총기를 전문적으로 판매하는 총포사도 존재하지만, 총포사 외에 일반 마트나 고속도로 휴게소 등에서도 총기 구입이 가능한데, 볼 때마다 적응이 쉽지 않다.

실제 미국은 한국에서 뉴스로 접하는 것보다도 훨씬 많은 총기 사건이 일어나고 있었다. (최근 통계로는 미국에서 하루에 백 명 이상의 사망자가 총기로 인해 발생하고 있다.) 2016년~2020년 총기로 인한 연평균 사망자는 40,620명, 하루에 백 명 이상의 사망자가 발생한다.[2] 총기를 사용한 강도나 살인 사건은 큰 뉴스거리가 아니다. 시라큐스에서도 이러한 강력 범죄는 지역 뉴스에 단신으로 한두 번 보도되고 넘어갈 정도다. 열 명 넘는 사망자가 발생한 총기 난사 사건이나 학교 또는 마트 등 일반 시민 밀집 시설에서 발생한 무차별 총기 사고의 경우에만 헤드라인으로 여러 날 주목을 받는다.

2) Center for Disease Control and Prevention.

필자가 미국에 머물던 2019년~2022년에도 대규모 총기 난사 사건이 여럿 발생했다. 2019년 8월 텍사스에서는 극우 백인 우월주의에 빠진 21세 범인이 총기를 난사해 23명이 사망했다. 그는 히스패닉계가 많이 거주하는 엘파소를 타깃으로 삼고 1,000km 넘게 이동하여 월마트에서 총격을 가했다. 월마트는 미국 내 가장 큰 마트 체인이며, 우리 가족도 자주 장을 보러 가던 곳이라 충격이 컸다. 월마트가 특히 식료품과 공산품 가격이 저렴하여 유색 인종이 많이 이용한다는 점을 노린 듯하다.

2022년 5월에는 텍사스의 한 초등학교에서 총격 사건이 발생해 어린이 19명과 교사 2명이 사망했다. 같은 달에는 시라큐스에서 가까운 도시인(차로 2시간 거리) 버팔로시 슈퍼마켓에서 총기 난사가 벌어져 10명이 사망하기도 하였다. 이 사건의 범인은 18세의 백인 남성으로, 엘 파소 사건과 유사하게 흑인 거주 비중이 높은 지역의 슈퍼마켓을 골라 범죄를 저질렀다. 2022년 10월에는 노스캐롤라이나주에서 15세 소년이 총기를 난사하여 5명이 사망하는 사건도 발생하였다.

버지니아의 월마트에서 판매 중인 장총들 (저자 직접 촬영)

이처럼 총기 난사 사건은 인종 혐오와 결부된 묻지 마 살인으로 종종 일어난다. 범죄 장소가 시민들이 일상적으로 이용하는 슈퍼마켓이나 학교라는 점, 청소년이 총기 사건의 주범이 되는 경우가 종종 있다는 점이 큰 충격이었다.

대형 총기 난사 사건이 일어나면 언론은 원인과 피해 현황을 대중에게 자세히 알린다. 대통령은 참사 현장을 방문하여 피해자와 유가족을 위로한다. 2019년 엘파소에서의 총격 사건 당시, 총기 규제를 강화해야 한다는 여론이 들끓었다. 하지만 당시 트럼프 대통령은 방아쇠를 당기는 것은 총이 아니라 총을 쏜 정신질환자라며 사건의 원인을 개인의 탓으로 돌렸다. ("It is not the gun that pulls the trigger.") 논의의 핵심은 정신질환자의 총기 구매 제한 쪽으로 기울었다. 이후에도 총기 난사 사건이 이어지자 미 의회는 2022년 6월, 총기를 구매하는 젊은 계층(18~21세)의 신원 조회 강화를 주된 내용으로 하는 총기 규제법을 통과시켰다. (오랜 기간 많은 논쟁 이후에 규제가 강화된 것치고는 너무 약소해 보였다.)

대규모 총기 난사 사건 방지를 위한 돌격형 소총 및 대용량 탄창에 대한 규제는 이번에도 의회를 통과하지 못했다. 대규모 총기 사건이 터질 때마다 시민들은 스스로의 방어를 위해 총기를 찾다 보니 오히려 총기 구매가 늘어나고 있으며, 코로나19 팬데믹과 조지 플로이드 사건 등 인종 차별 이슈 등이 부각될

수록 총기 판매량은 증가한다. (텍사스와 같이 공화당이 집권하고 있는 주에서는 총기 소유 및 휴대 관련 규제가 오히려 완화되고도 있다.)

사건이 끊임없이 발생하는데도 총기 규제가 강화되지 못하는 이유는 무엇일까. 먼저 역사적인 측면이 있다. 미국은 건국 초기부터 총이 아니면 나라가 만들어지기 힘든 환경이었다. 인디언과의 전투, 영국과의 독립 전쟁 등을 거치며 총은 생존에 필수적인 도구가 되었다. 당시 시민들은 자신과 가족, 지역 사회를 지키기 위해 총을 다룰 줄 아는 것을 당연시했고, 사회적으로 장려되기도 했다. 이러한 전통이 수정헌법 제2조에 남아, 무기를 소지하고 휴대할 수 있는 개인의 권리가 헌법에 의해 보호되고 있다. 따라서 민주당이 집권하고 있는 주에서 총기 소지 및 휴대를 제한하는 법률 개정을 추진하더라도 헌법 위반으로 실행이 불가능하다. 헌법을 개정해야만 근본적으로 총기 소유를 제한할 수 있기 때문에 이는 절차적으로 매우 어려운 일이다.

다음은 현실적인 측면이다. 미국은 이미 3억 정이 넘는 총기가 풀려 있다. 그중 불법적으로 부품을 판매하고 조립해 추적

할 수 없는 유령 총(Ghost Gun)이 수만 정이다. 만약 헌법을 개정하여 민간인의 총기 보유 및 구매를 제한한다 하더라도 이미 개인 소유가 된 총을 실질적으로 수거할 방법이 없다.

마지막, 가장 중요한 이유로 미국인들의 인식 측면을 고려해야 한다. 총기 사고로 인한 인명 피해가 너무 크고 시민 절대 다수가 총기 규제에 찬성한다면, 헌법을 개정하고 기존 총기는 공공 관리하에 두는 정책을 시작할 수도 있을 것이다. 미국인들과 총기 난사 사고와 관련된 이야기를 나누면 더없이 비극적인 사고라며 이를 방지할 행동을 적극적으로 취해야 한다고 얘기한다. 그러나 그들 역시 대부분 집에 총기를 소유하고 있으며, 자기 스스로 가족을 지킬 수 있는 총기 소유는 필요하다는 의식이 강하다. 많은 미국인들은 총기 소유 금지보다 총기 난사를 막을 수 있는 제도 개선을 원하고 있는 점이 결국 가장 큰 걸림돌이 아닐까 생각한다.

미국의 총기 난사 사건 뉴스를 볼 때면 우리는 기대한다. 민간인 총기 소유 금지로 우리의 동맹 국가인 미국이 안전한 나라가 되기를. 아쉽게도 이 바람이 현실이 되기란 쉽지 않을 것 같다. 없던 것을 갖기는 쉽지만 이미 소유한 것을 포기하는 일은 누구든, 언제, 어디서든 쉬운 일이 아니기 때문이다.

2. 미국의 지방 자치

- 주마다 다 달라!

미국과 한국의 사회 제도 중 가장 큰 차이점은 무엇일까? 상-하원으로 분리된 양원제 의회도 큰 차이라고 할 수 있지만, 그것보다 큰 차이는 50개 주의 권한이 크게 보장되는 연방제라고 생각한다. 미국의 정식 국호가 미합중국(United States of America)이라는 점을 들여다봐도 쉽게 이해가 된다. 미국은 아메리카 대륙에 있는 여러 주들의 연합체인 것이다.

미국에서 생활하면서 궁금한 내용들에 대한 답은 대부분 "주마다 다르다"가 될 것이다. 아이를 차에 태울 때 몇 살까지 카시트에 태워야 하는지, 생수병이나 알루미늄 캔 음료를 구매할 때 공병 보증금을 내야 하는지, 일반 마트에서 맥주 등 주류를 판매할 수 있는지(일부 주들은 마트나 편의점에서 술을 판매하지 않고 주류 판매 전문점에서만 판매가 가능하다.) 등 소소한 부분은 물론이며, 최근 논란이 된 낙태권과 관련해서도 주마다 낙태에 대한 처벌 규정이 다르다. 의료용 및 오락용으로 대마초를 흡연할 수 있는 것과 마찬가지로 형법 관련 규정도 달라서 어떠한 행위가 주에 따라 합법이 되기도 하고 불법이 될 수 있다. 또한 주마다 각자의 헌법이 있고 검찰총장(Attorney General)이 있으며 국무부, 교육부, 교통부 등 부처가 있어 장관들이 있다. 뉴욕 주 방위군은 육군, 공군, 해군을 포함해 2만 명 이상의 병력이 있다.[3] 각각의 주가 하나의 나라처럼 운영되고 있는 것이다. 개별 주의 경제력 또한 엄청나다. 아래 그림에서는 각 주의 GDP를 다른 국가와 비교하고 있는데 미국에서 가장 경제력이 큰 캘리포니아는 영국보다 GDP가 크며, 뉴욕 주는 우리나라의 GDP를 넘어서고 있다.

3) New York State Homepage.

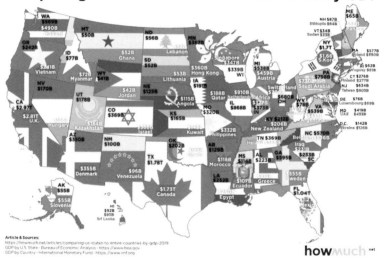

미국의 주별 경제 규모를 개별국가와 비교한 그림
(출처: IMF 및 미국 경제분석국 자료 분석(https://howmuch.net))

사례- **자동차 번호판**

　우리나라의 경우 자동차 번호판은 친환경 차량의 경우는 하늘색, 사업용 차량은 노란색 번호판을 사용하며 일반 차량은 흰색 바탕에 6~7자리 숫자와 함께 한 자리 문자를 사용하는 등 번호판이 표준화되어 있다. 하지만, 미국은 주마다 자동차 번호판의 색깔과 디자인이 다르다. 게다가 같은 주 내에서도 다양한 디자인과 색깔의 배경을 가진 번호판을 사용한다.

　차량 번호판에는 각 주의 이름과 별명이 써 있는 경우도 많으며, 직업, 대학, 스포츠, 군대 등 자신이 좋아하는 분야나 자신을 나타낼 수 있는 것을 번호판 배경으로 고를 수도 있다. 심지어 차량 번호 또한 영어 알파벳 3자리와 숫자 4자리로 이뤄진 경우가 일반적이지만, 추가 비용을 내고 자신이 원하는 등록 번호를 선택할 수 있어서, 어떤 차들은 2~3글자의 알파벳이나 숫자로만 차량 번호가 되어 있는 경우도 있다. 뉴욕 주의 경우에는 차량 번호는 2~8자리로 이뤄져야 하며, 외설적이거나 혐오감을 주는 번호는 사전 심사를 통해 걸러지게 된다. 또한, 알파벳 'O'와 숫자 '0' 또는 'I'와 '1'을 함께 써서 혼동을 주는 번호 조합도 금지된다. 이와 같은 개별 주문 번호판은 최초 등록 시에 60달러, 이후에 매년 31.25달러를 등록비로 내면 사용이 가능하다. 기본 번호판은 25달러부터 시작하는 것과 비교하면 개별 주문 번호판이 두 배가량 비싸다. 이러한 개별 주문 번호판을 이용해서 자기의 이름을 차량 번호로 평생 쓴다든지 하는 경우도 종종 있다. 'Funny license plates'등을 구글 등에서 검색해 보면 수많은 기발한 차량 번호를 볼 수도 있다.

저자가 사용한 차량 번호판 사진.
알파벳 3글자와 숫자 4개로 이루어져 있으며,
뉴욕주의 별명인 'EMPIRE STATE'가 쓰여 있다 (저자 직접 촬영)

또 한 가지 자동차 번호판 관련하여 주별로 차이가 있는 점은, 차의 뒷면에는 번호판을 모두 부착하지만, 전면에는 미국 50개 주 중 19개 주에서는 번호판을 부착하지 않는다는 것이다. 필자는 미국 와서 몇 달이 지나고 중고차를 캔자스 주에서 구매했다. 캔자스 주는 전면 번호판이 필요 없기에 구입한 중고차에는 전면 번호판 프레임이 아예 설치되어 있지 않았다. 구입한 중고차를 갖고 시라큐스에 와서 뉴욕 주 등록 번호판을 새롭게 받으니 전면에도 반드시 부착해야 한다는 것이다. 미국은 서비스 비용이 비싸서 직접 전면 프레임을 설치해 보려 시도해 봤으나 결국 실패하고 자동차 수리점에 가서 비싼 공임을 주고 새롭게 전면 번호판 프레임을 설치해야 했다.

이처럼 자동차 번호판은 주별로 다르며, 혹은 개별 주문한 번호판도 많다 보니 유명 관광지를 가거나 고속 도로를 운전하며 다양한 번호판을 보는 것도 한 가지 즐거움이 되었다. 우리나라에서도 원하는 사람은 일정 금액을 내고 개인의 개성을 드러낼 수 있는 개별 주문 번호판을 허용한다든지 국가 유공자 등에는 번호판을 별도로 디자인하여 사회적으로 예우해 준다든지 다양성을 부여할 수 있지 않을까 생각해 본다.

2. 미국의 제도

피부로 가장 많이 느낄 수 있는 차이는 세금과 관련한 부분이다. 식당이나 일반 가게에서 물건을 구입할 때 내는 판매세(Sales Tax, 우리나라의 부가 가치세와 유사)가 주마다 0~10%로 다르다. (실제로는 주에서 판매세를 매기기도 하고, 주 하위 개념인 카운티에서도 지역 판매세(Local Sales Tax)를 매기는 경우가 있어서 더욱 복잡해진다.) 내가 거주하는 뉴욕주 평균은 8.5%로 50개 주 중에 10번째로 높으며, 가장 높은 주는 루이지애나주로 평균 9.6%이고 가장 낮은 주는 판매세가 전혀 없는 알래스카, 델라웨어, 몬태나, 뉴햄프셔, 오레건 등 5개 주이다. 이처럼 판매세가 0%인 주들은 대도시가 없고 인구가 상대적으로 적은 주들로 많은 인구를 유치하기 위해 세금을 낮춘다.[4]

재산세도 마찬가지다. 하와이의 평균 재산세 비율은 0.28%이지만, 뉴저지주는 2.49%에 달한다. 미국 집의 중위값은 44만 달러인데, 이 경우 하와이에서는 재산세로 평균 매년 1,233달러를 내야 하고, 뉴저지에서는 10,963달러를 내야 한다. 엄청난 차이다. 이쯤 되면 세금 때문에 주를 옮겨 다녀야 하는 것

---

4) Tax Foundation, 2022. 1. 기준.

미국의 카운티별 판매세 지도
(출처: 위키피디아(Wikipedia))

이 아닌가 하는 생각이 들 정도다. 주변인들에게 물어보니 실제로 은퇴하고 나서는 세금이 적은 주로 이사를 가기도 한다고 한다. 직장 때문에 대도시 근처에 살다가 퇴직하고 연금 소득으로 살아야 하면 재산세가 큰 부담이 될 것이다. 그래서 은퇴 후 날씨가 따뜻하고 재산세율이 낮은 플로리다(평균 0.89%)로 가는 사람들이 많다고 한다.

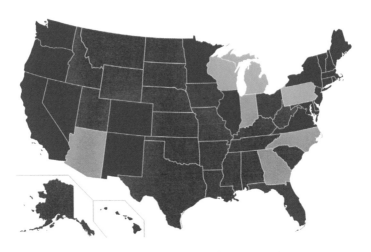

최근 4번의 대선 결과를 근거로 한 주별 민주당(Blue), 공화당(Red) 지지 성향
(출처: 위키피디아(Wikipedia))

세금 외에도 각종 정책에서도 주별로 차이가 크다. 특히 정치적 성향에 따라 주의 법과 정책에 큰 차이를 보인다. 공화당이 주지사와 주 의회 권력을 차지하고 있는 남부와 중서부 주들은 주로 보수적인 정책(총기에 대한 약한 규제, 낙태에 대한 강한 규제 등)을 채택하고 있으며, 민주당이 권력을 갖고 있는 북동부 뉴잉글랜드 지역의 주들과 태평양 연안의 주들은 진보적인 정책을 채택해 대마초를 허용하고 있다.

이처럼 미국의 지방 자치는 우리나라의 그것과 차원이 다르다고 할 수 있다. 주별로 인종 분포도 다르고 설립된 역사도 다르다. 때문에 주별로 세금도 다르고 정책도 다른 현실도 상이하다. 이에 대해서 미국인들은 특별히 큰 불만이나 불편을 느끼고 있지 않다. 오히려 지역별 차이를 당연하게 느끼며 다양성이 있다는 점에 대해 긍정적인 인식을 갖고 있다. 우리나라의 경우도 헌법 제117조에서 지방 자치를 규정하고 있다. 제1항에서 '지방자치단체는 주민의 복리에 관한 사무를 처리하고 재산을 관리하며, 법령의 범위 안에서 자치에 관한 규정을 제정할 수 있다.'라고 규정하고 있지만, 법령에서 지역에 자율성을 부여하는 부분이 적고 지역별 차이보다는 형평성을 더 우선시하는 의식으로 인해 지역별 정책에는 큰 차이가 없는 게 현실이다. 미국을 여행하게 될 기회가 있다면 주별로 세금은 어떻게 다른지, 번호판은 어떻게 생겼는지, 주민 생활에 미치는 규제나 정책 등 다양한 차이를 비교해 보는 것도 재미있는 경험이 될 것이다.

3. 미국의 산업

- 전 분야 팔방미인

미국의 경제 규모는 단연 세계 1위이다. IMF의 자료에 따르면 2022년 기준 전 세계 GDP 합계는 101조 달러 규모인데, 미국은 그중 4분의 1 가량인 25조 달러를 차지한다. 2위인 중국의 18조 달러를 여유 있게 따돌리고 있다. 우리나라가 1.7조 달러는 조금 넘으니 그 수준을 비교해 볼 수 있다.

이와 같은 미국의 엄청난 경제력은 어디서 오는 것일까? 글로벌 기축 통화인 달러의 유일무이한 영향력으로 매년 엄청난 재정적자를 기록하면서도 현 경제를 유지할 수 있다는 점도 큰 이유가 된다. 하지만 미국의 산업구조를 살펴보면 미국 경제의 강인한 기초 체력을 파악할 수 있다. 우리나라의 입장에서는 참 부러운 생각이 든다. 미국은 농업, 광업, 제조업, 서비스업, IT 산업, 반도체 산업 등 1·2·3차 산업 모든 분야에서 높은 경쟁력을 갖고 있으며, 산업의 혁신성 측면에서도 높은 역동성을 보이고 있다. 게다가 최근 미중 갈등 이후로는 강력한 산업 정책 및 통상 정책을 통해서 미국 내 공급망 역량을 강화하면서 전 세계 기업들의 투자가 몰리고 있다. 한마디로 모든 산업 분야에서 최상위권을 달리고 있으며, 역동적인 혁신 역량과 신규 투자의 확대가 이어지고 있어 미래에 더 높은 성장을 할 것으로 평가된다.

미국의 1차 산업 중 농업과 축산업은 양과 질 측면에서 세계 최고 수준이다. 미국은 지리적으로 다른 어떤 나라보다 농업을 하기 좋은 땅을 갖고 있다. 미드-웨스트라고 불리는 미국의 중서부주(캔자스, 미네소타 등)는 중위도에 위치하여 안정적인 날씨를 보인다. 또한, 어마어마한 크기의 평원과 함께 평원을 관통하는 강을 갖고 있어 농업에 최적의 환경을 보유하고 있다.

인터넷에서 한국인들의 로드 트립 여행 후기를 보면 공통적으로 감탄하는 부분이 있는데, 운전하면서 쉽게 볼 수 있는 드넓은 농장이다. 팔자도 캔자스에서 2개월간 교육을 받은 후 뉴욕 주로 이동할 때 홀로 차를 타고 3박 4일에 걸쳐 1,900킬로미터를 이동한 적이 있다. 중부 지역의 드넓은 감자밭, 옥수수밭을 보고 감탄하지 않을 수 없었다.

이러한 농업을 바탕으로 풍부하고 저렴한 자체 생산 곡물을 활용한 축산업 또한 경쟁력을 갖고 있는 것이다. 미국 농무부와 유엔식량농업기구(U.S. Department of Agriculture and the Food and Agriculture Organization of the United Nations)에 따르면 21년 전 세계 쇠고기 생산량 1위가 미국으로 전체의 20%가 넘는 1,260만 톤을 생산하였다. 우리나라도 6년 연속으로 수입한 소고기 중 미국산의 비중이 가장 크다. 관세청 자료에 따르면 2022년 미국산 소고기의 수입량이 25만 톤으로, 전체의 절반이 넘는 54.1%를 차지한다.

우리나라에선 농업이 노동집약적 산업으로 인식되고 있지

만 미국에선 지극히 자본집약적 산업으로 운영되고 있다. 대규모의 토지에 드론 및 항공기 등 첨단 기계를 동원하여 규모의 경제를 실현하고 있다. 필요 최소한의 노동력은 외국인 노동자를 투입하는 경우가 많다. 미국의 젖소 농장을 방문할 기회가 있었는데, 농장주인 가족은 백인 미국인이었으나 사료 공급 및 농장 관리는 영어를 거의 하지 못하는 남미 노동자가 맡고 있었다. 시라큐스 인근에는 'beak and skiff'라는 이름의 100년이 넘은 유명한 사과 농장이 있다. 매년 가을 무렵에는 사과 따기 체험도 하면서 다양한 사과 가공 제품도 팔아서 인기가 많다. 주말에는 수백 명의 사람들이 줄을 서서 사과 농장을 방문할 정도인데, 그곳에서도 고객을 직접 상대하는 직원은 백인 미국인이 대부분이었지만, 보이지 않는 곳에서 사과를 따는 작업은 남미 출신 노동자들의 몫이었다.

2차 산업인 제조업의 경우는 첨단 제조업 분야에서 여전히 세계 최고의 경쟁력을 갖고 있다. 조선이나 철강 등 노동 투입이 많은 전통적 제조업은 우리나라나 중국 등 아시아 지역으로 대부분 생산 공장이 이동하였지만, 자동차 산업은 중국에 이어

전 세계 2위의 생산량을 차지하고 있다. 이외에 항공이나 우주 산업, 방위산업 등은 다른 국가들의 추종을 불가할 정도로 높은 경쟁력을 갖고 있다. 또한, 최근 크게 중요성이 높아진 소·부·장(소재, 부품, 장비) 측면에서도 세계 최고 수준의 경쟁력을 자랑한다. 우리나라에서 가장 중요한 반도체 산업에 있어서도 세계 1위 제조 장비 기업이 미국의 'AMAT'이다.

특히 미국은 최근 첨단 제조업 분야의 부활을 꿈꾸며 공장 설립에 대한 대규모 보조금 지급과 미국 내 생산 전기차에 대한 구매 보조금 지급 등 산업 육성 정책을 강화하고 있다. 이러한 정책은 최근 미중 갈등 및 전 세계적 공급망 위기를 겪으면서 국가 안보 관점에서 첨단 산업의 역내 생산 역량 강화를 정책 최우선 과제로 설정한 측면이다.

이처럼 1차 산업과 2차 산업이 막강한 미국이지만 경제 전체를 바라보면 미국은 서비스업 중심의 국가다. 미국 상무부에 따르면, 2020년 GDP 중 상품 산업이 16.9%에 불과하고 서비스 산업이 70.5%의 비중을 차지하는 선진국형 산업 구조를 가지고 있다. 전통적인 금융, 부동산도 큰 비중을 차지하고 있으며 1990년대 인터넷의 발명으로 촉발된 IT 산업에서도 페이스북, 애플, 마이크로소프트, 구글 등 미국 기업이 글로벌 시장에서 가장 큰 영향력을 갖고 있다. 또한 워낙 미국의 소비 시장이 거대하다 보니 유통 산업도 큰 비중을 차지하고 있으며, 할리우드 및 빌보드로 대표되는 엔터테인먼트 등 문화산업도 엄청난 규모를 갖고 있다. 관광 및 교육 분야도 전 세계에서 수많은 관광객과 유학생이 미국을 방문하여 미국 서비스 산업 확대에 크게 기여하고 있다.

이 외에도 최근 우리나라에서 관심이 많은 4차 산업혁명 관련 산업도 미국이 앞서 나가고 있다. AICBM(AI, IoT, Cloud, Big Data, Mobile)으로 요약되는 4차 산업혁명 기술 분야에서 구글과 엔비디아는 AI 및 빅데이터 분야의 하드웨어와 소프트웨어에서 세계 최고 기업이며, 온라인 쇼핑 기업으로 잘 알려진 아마존과 함께 마이크로소프트는 클라우드 분야에서 세계를 이끌고 있다.

이처럼 미국은 유리한 지리적 요건과 지하자원, 풍부한 내수 시장 등을 바탕으로 거의 모든 산업에서 균형적인 발전을 이뤄내고 있다. 게다가 민간 분야의 혁신도 활발하여 새로운 비즈니스 모델이 계속 생겨나고 있다. 그동안 부족한 분야였던 반도체 칩 생산 및 이차전지 제조 분야에서도 미국은 최근 다양한 산업 정책을 통해서 역내 생산 기반을 확충하고 있다. 욕심이 지나치다고 말할 수 있을 정도다. 그렇다고 부러워만 할 수는 없다. 우리나라의 장점을 십분 활용해서 우리의 성장 전략을 찾아야 한다. 인구도 적고 영토도 좁지만 우리나라는 반도체, 배터리, 조선 등 첨단 산업 분야에서 눈부신 발전을 이뤄왔다. 미국의 산업 정책을 분석하고 적극적인 산업 정책을 발굴해 글로벌 산업 경쟁에서 앞서 나가야 할 시기다.

4. 미국의 산업 정책

- 산업 정책이 돌아왔다(America First)

　미국은 전통적으로 경제 분야에 있어서 국가가 시장에 최대한 개입하지 않는 신자유주의 정책 모델을 추진해 왔으며, 산업 정책의 경우에는 더욱 그 경향이 강했다. 국제 관계에 있어서도 개도국의 국가 주도의 보호무역주의에 대한 비판과 함께 자유로운 시장 개방을 타 국가에 요구해 왔었다. 이러한 미국의 인식을 직접 느낄 수 있었던 경험이 있다.

　2018년 험프리 펠로우쉽에 지원하고 서류 및 영어 테스트를 통과하여 최종 단계로 한국 풀브라이트 재단에 대면 면접을 보러 갔다. 재단 관계자들로 보이는 한국인과 외국인이 면접관으로 참여했다. 당시 나는 펠로우쉽을 위한 연구 과제로 미국의 산업 정책, 특히 쇠퇴하고 있는 산업 도시 문제를 해결하기 위한 정책 방안을 연구하겠다고 발표했다. 미국인 면접관은 미국은 국가가 산업에 개입하는 경우가 거의 없다며 국가가 산업 육성을 위해 정책을 추진하는 것이 바람직한 것인지 오히려 나에게 따져 물었다. 당시에 나는 국가의 역할로 시장에서 활발한 혁신이 이뤄질 수 있도록 인센티브 구조를 설계하고 부당한 케이스에 대해서는 제재하는 정책들이 산업의 발전을 이끌 수 있다며 답했지만, 그때 처음으로 미국의 산업 정책에 대한 시각을 정확히 느낄 수 있었다. 또한, 시라큐스대학교의 행정학 교수님들도 국가의 산업 정책 추진은 개발도상국 등 아직 민간 부분이 활성화되어 있지 않은 국가에서나 필요하다는 설명을 했다.

하지만, 2020년대에 들어오면서 미국의 산업 정책이 귀환했다. 반도체, 바이오, 전기차 등 특정 산업 분야에 대해 적극적으로 국가가 개입하여 산업 육성 및 통상 정책을 추진하고 있다. 초기에는 중국의 반도체 굴기 등 대(對)중국 견제 의도가 주요한 요인이었다. 하지만 최근 들어 미국의 산업 정책은 대중국 견제만을 벗어나서 점점 더 전략적인 목적에서의 정부 역할을 강조하는 모습이다. 우선, Made in America(미국 내 생산주의)를 표방하며 자국 내 첨단 산업의 제조 공장을 유치하는 것을 적극 추진 하고 있다. 우리나라를 비롯해 세계 대부분의 나라들이 제조업 등 산업을 육성하기 위해 노력하는 것은 일반적이다. 하지만 최근 미국의 정책은 중국의 부상을 견제하기 위한 노력을 뛰어넘어 한국, 일본 및 유럽 등 기존 동맹국들을 포함한 해외 각국의 우려를 무릅쓰고 자국 내 제조 역량 강화를 강행하는 정책은 America First(미국 우선주의) 정책을 추진하고 있다.

구체적인 미국 산업 정책 사례로는 2021년 7월 통과된 일명 'CHIPS'법(the CHIPS and Science Act: 반도체 공장 건설에 520억 달러 보조금 지급, 240억 달러 세액 공제, 과학 연구에 1,700억 달러 투자), 2021년 11월 통과된 초당적 기반시설법(Bipartisan Infrastructure Law: 친환경 에너지 기술개발 200억 달러, 전기차 충전소 설치 80억 달러), 22년 8월에 통과된 인플레이션 감축법(IRA, Inflation Reduction Act: 미국 내 생산 전기차 보조금 및 신재생 에너지 투자에 총 3,750억 달러) 그리고 CHIPS 법에 기반을 둔 '국가 바이오 기술 및 바이오 제조 행정 명령(the Executive Order on Advancing Biotechnology and Bio-manufacturing Innovation for a Sustainable, Safe, and Secure American Bioeconomy: 미국 내에서 개발한 바이오 기술은 미국 내에서 제조하도록 지원, 총 20억 달러 규모) 등이 있다. 미국 내 언론에서도 이러한 대규모 재정이 투입되는 산업 정책의 추진에 큰 관심을 갖고 있다. 이코노미스트지는 2022년 9월 13일 '바이든 대통령의 산업 정책은 거대하고 담대하지만 어려움으로 가득 차 있다'라는 제하의 기사에서 반도체부터 전기차까지 미국 정부가 산업 정책을 적극적으로 추진한다고 분석하고 있다.

위의 일련의 법과 행정 명령의 목표는 유사하다. 반도체 등 첨단 산업 분야에서 실제 제조를 미국 내에서 할 수 있도록 지원하는 것이다. 기존에는 미국에서는 원천 기술을 개발하고 실제 제조는 중국 등 개도국에서 이뤄졌다. 하지만 미중 갈등 및 러시아-우크라이나 전쟁, 공급망 이슈가 커지면서 실제 제조 시설을 미국에 유치하는 것이 미국의 전략 방향이 된 것이다. 이를 위해 엄청난 규모의 자금 지원을 시행하고 있으며, 투자 유치 정책의 효과가 나타나고 있다. IRA법이 통과된 1년 후인 2023년 8월, 영국 파이낸셜타임즈는 IRA법과 CHIPS act에 따라 미국에서 청정에너지 및 반도체 분야에 최소 2,240억 달러(300조 원) 투자 계획이 발표되었다고 보도했다. 투자 기업들은 첨단 산업 분야 일자리 10만여 개가 생겨날 것이라고 약속했다.[5]

미국의 전략은 우리나라에도 엄청난 영향을 끼치게 될 것이다. 미국이 타깃을 삼고 있는 반도체, 배터리, 전기차, 바이오 모두 우리나라의 주요 수출 산업이자 국가 전략 산업이기 때문이다. 미국의 산업 정책에 따라 우리나라에서 생산해서 미국으로 수출하는 물량이 줄어들 수 있고, 더 나아가 한국 내의 제조 시설이 미국으로 이전할 수도 있는 것이다. 실제로 최근 들어 한국의 주요 기업의 미국 내 생산 시설 투자 발표가 이어지고 있다. 삼성전자는 2021년 11월 텍사스주에 170억 달러를 투자해 반도체 파운드리 공장 설립하겠다는 계획을 발표했으며,

---

5) "Inside the $220bn American cleantech project boom", Financial Times, 2023. 8. 16.

SK이노베이션은 2021년 9월 5조 원 규모를 투자해 미국 포드 사와 합작하여 미국 내 최대 규모 전기차용 배터리 공장을 설립한다는 계획을 발표했다. 현대자동차는 2022년 5월 조지아 주에 55억 달러를 투자하여 전기차 생산 거점을 만든다는 계획을 발표했다.

이러한 투자의 배경에는 세계 최대의 수요국인 미국에 생산 거점을 만든다는 이유도 있겠지만, 최근 미국의 산업 정책이 큰 역할을 하고 있다. 미국 내에 투자하는 경우에 주어지는 엄청난 보조금과 세금 공제 혜택이 큰 유인책 중 하나이며, 공급 망 관리 측면도 미국에 투자를 결정하는 요소가 되기도 한다. 중국이나 개발 도상국에 공장을 설립하는 경우 건설비나 인건 비 등 향후 운영비가 미국보다는 훨씬 저렴할 것이다. 하지만 향후 미국에서 개발된 첨단 기술이나 장비를 안보 우려 국가 공장에는 설치할 수 없거나 해외 생산 제품에 대해서는 구매 보조금을 주지 않는 등의 페널티가 가해질 수 있기 때문에 미국에 울며 겨자 먹기식으로 투자할 수밖에 없는 것이다.

현재 한국은 메모리 반도체, 차량용 배터리, OLED 디스플레이, 고부가 가치 선박 등 첨단 산업 분야에서 세계 시장 점유율 1~2위를 다투고 있다. 하지만 중국 등 후발국의 추격과 미국의 자국 우선주의 산업 정책으로 한 치 앞을 예측하기 힘든 상황이다. 보다 전략적인 산업 정책에 대한 고민과 적극적인 첨단 산업 육성 방안을 모색해야 할 것이다.

5. 의료 시스템

- 비싸고 불편하지만 바꿀 수 없다

미국의 의료 체계는 비싸고 불편하기로 악명이 높다. 미국 유학이 결정되고 미국에 장기간 살아야 한다고 생각하니 가장 걱정이 되는 부분이 '미국에서 가족이 아프면 어떡하지?'에 대한 것이었다. 실제 2년 이상 생활 해보니… 예상보다 병원 진료에 대한 부분은 큰 난관이었다.

미국의 의료 체계의 문제점은 높은 비용과 복잡함으로 간단히 설명할 수 있다. 비용 측면을 살펴보면 우선 의료 서비스의 가격 자체가 우리나라의 2배 이상이다.(OECD 평균 100 기준, 한국 55 대 미국 126) 간단한 수술인 맹장 수술이나 제왕 절개 수술의 경우도 입원비를 제외한 수술비만 미국에선 1~2만 달러가 넘어간다. 의료 보험료도 한국보다 훨씬 비싸며 의료 보험 체계도 복잡하다. 의료 보험이 공공 보험 시스템이 아닌 민간 의료 보험 체제이기 때문에 가입한 보험마다 보장하는 의료 기관 및 보장 금액이 다 다르다. 보험 프로그램에 따라 치과 및 안과를 포함하기도 하고, 제외할 수도 있다.

    필자의 경우 대학원생 신분이었기 때문에 대학에서 제공하는 건강 보험에 가입할 수 있었다. 1년에 보험료가 2,347달러(305만 원)이며, 배우자와 자녀는 각각 2,302달러(299만 원)이다. 여기에 치과 보험은 별도로 보험료가 503달러(65만 원), 배우자와 자녀는 491달러(64만 원)이다. 안과 보험은 84달러(11만 원)이다. 3인 가족의 경우 치과 및 안과 보험까지 포함하면 8,702달러(1,130만 원)이다. 대학에서 민간보험회사 한 곳을 지정하여 제공하는 의료 보험으로 일반 보험 상품보다 더 좋은 조건임에도 불구하고 혀를 내두를 만한 보험료다.

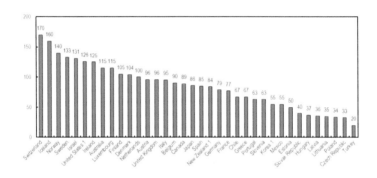

의료 서비스 비용 가격 상대 비교표 (2017년 기준, OECD 평균=100)
(출처: Focus on healthcare prices, 2020,, OECD)

두 번째 어려움은 의료 보험에 가입했고 진료비를 낼 수 있다고 하더라도 병원을 가서 진료를 받는 것이 쉽지 않다는 점이다. 코로나19 때문에 더 심해지기도 했지만, 기본적으로 미국에서는 병원 사전 예약 없이 외래 진료를 보는 것은 거의 불가능하다. 갑자기 사고가 나거나 크게 아픈 경우에는 대형 병원의 응급실을 이용할 수는 있지만, 그 비용이 상상을 초월한다. 일반 외래 진료의 사전 예약을 위해 전화로 문의할 경우에도 상상했던 것보다 더욱 긴 대기 시간을 갖는다. 1~2주는 기본이고, 한 달이 넘어가는 경우도 허다하다. 기존 환자를 보는 것만으로도 시간이 부족하니 신규 환자를 받지 않는다는 병원도 꽤 있었다.

또한, 아무 병원이나 갈 수 있는 것도 아니다. 자신이 가입한 의료 보험 회사와 제휴한 병원에 가야 한다. 국가 의료 보험이 없는 미국에서는 민간 의료 보험에 가입하면 보험증과 제휴 병원 리스트를 준다. 병원에 예약 전화를 하게 되면 먼저 묻는 것이 의료 보험 회사가 어디인지 물어본다. 제휴하지 않은 병원도 갈 수는 있지만 그럴 경우에는 병원비가 보험 처리 되지 않기 때문에 일반적으로 제휴되지 않은 병원을 가는 케이스는 거의 없다고 볼 수 있다. 의료 보험 상품 중에서는 제휴 병원이 아닌 곳에서도 진료받을 수 있도록 보장 범위가 넓은 상품이 있지만 워낙 보험료가 비싸기 때문에 일반적으로 구매하지 않는 편이다.

이 외에도, 최종 병원비를 예측하기 어렵다는 점도 이해하기 어렵다. 입원을 오래 하고 복잡한 치료를 받게 되면 엄청난 액수의 병원비가 청구될 것이다. 이후에 보험 회사에서 이를 검토하고 개인 부담금이 정산되지만 잘 협의를 하거나, 개인의 사정에 비추어 납부할 수 없는 수준이 되면 병원과 보험사에서 개인 부담금을 상당 수준 깎아 주기도 한다. 환자가 의료비를 납부하지 못하고 파산하는 것보다는 일부라도 납부하는 것이 병원이나 보험 회사 입장에서는 나을 수 있겠지만, 처음부터 과도하지 않은 의료비가 부과되고 형평성이 유지되는 것이 당연한 일일 것이다. 그러나 미국의 의료비는 동일한 의료 서비스를 제공받더라도 최종적인 납부 금액이 달라질 수 있어 예측 가능성이 낮다.

최고의 선진국이라는 미국이 왜 이처럼 과도하게 비싸고, 불편한 의료 체계를 갖게 된 걸까. 우리나라를 비롯해 많은 국가에서는 의료 보험을 국가에서 관리하고 운영한다. 경제학적으로도 의료 보험 시장은 보험 회사와 보험 가입자 간 정보의 불균형으로 시장에만 맡길 경우 건강한 사람은 굳이 건강 보험에 가입하지 않고, 건강이 좋지 않은 사람들만 보험에 가입하려 하기 때문에 결국 보험 시장이 효율적으로 작동하지 못하게 된다.[6] 이러한 현상을 방지하기 위해 우리나라를 포함한 많은 국가들이 국가 의료 보험 제도를 실시하고 모든 국민을 대상으로 서비스한다.

하지만 시장의 자율성을 금과옥조로 삼는 미국에서는 의료 보험을 일반 자동차 보험이나 생명 보험 상품처럼 민간 보험사의 다양한 선택지를 제공하고 개인은 보험 상품을 가입할 수도 있고, 가입하지 않아도 된다. 또한 최소한의 사회적 취약 계층 보호를 위해 1965년 이후 Medicare와 Medicaid의 사회 보

---

6) Rothschild, M. and J. Stiglitz, "Equilibrium in Competitive Insurance Markets: An Essay on the Economics of Imperfect Information", Quarterly Journal of Economics, 90, 1976, 629-649.

장 프로그램을 구축하여 운영하고 있다. 이 중 Medicare는 65세 이상의 노인을 대상으로 보험료를 연방 정부가 책임지는 보험이며, Medicaid는 빈민층을 대상으로 하는 의료부조제도이다. 문제는 민간 보험도 가입하지 않고, 사회 보장 프로그램의 대상자도 아닌 무보험자가 인구의 약 15%에 달한다는 점이다. 이들 무보험자는 빈민층 바로 위의 차상위 계층이 많았다.[7]

오바마 전 대통령은 2008년 대통령 선거 공약으로 4천만 명에 달하는 무보험 미국인에게 건강 보험을 제공하겠다고 밝혔다. 당선 후 그는 임기 내내 핵심 국정과제로 의료 보험 체계를 개혁하는 '오바마케어'를 추진하였다. 하지만 공화당에서는 개인의 자유에 따른 의료 보험 가입 여부를 법으로 강제하는 것은 반헌법적인 정책이라며 강하게 반대했다. 오바마케어법은 지난한 논의 과정을 거쳐 의회를 힘들게 통과하여 2010년 3월 부분 시행, 2014년 본격 시행되었다. 이 법에 따라 기존 무보험자도 정부가 표준화한 건강보험플랜에 가입하도록 의무화되었고, 저소득층에게는 정부가 보험료에 대한 보조금을 지급하고

---

7) 원석조 등, '미국 민간건강보험의 실태와 오바마케어', 한국보건복지학회, 2019.

있다. 그 외에도 의료 보험 회사가 가입자를 골라서 받지 못하도록 하는 등 지나친 의료 체계의 비효율성을 개선하기 위한 조치들이 추진되었다.

우리나라 입장에서 보면 오바마케어는 당연한 정책이라고 보이지만, 미국에서는 법 시행 이후에도 큰 논쟁이 이어졌다. 공화당의 반대는 정치적인 반대라고 할 수 있겠지만, 일반 시민들의 반대 의견도 상당했다는 점이 의아했다. 고소득층은 오바마케어에 소요되는 재정을 충당하기 위해 높아진 소득세에 대해 불만이 있었고, 중산층도 개인의 자유를 제한하는 법에 대한 반대가 많았다.

2013년 실시된 여론 조사에서는 오바마케어에 대한 찬성이 40%, 반대가 50%로 나타났으며 특히 백인 중산층의 반대율이 높았다. 공화당을 중심으로 오바마케어 반대 여론은 지속되었으며 당시 트럼프 대통령 선거 후보는 대선의 주요 공약으로 오바마케어 폐지를 내세웠다. 트럼프 대통령은 집권 이후 지속적으로 오바마케어의 핵심 내용인 전 국민 의료 보험 의무 가입

규정 및 Medicaid 범위 확대를 뒤집는 '트럼프케어(The Amer-ican Health Care Act)'를 추진하였으나 의회 통과에 실패하였다. 집권 여당이었던 공화당에서조차 무보험자 증가 및 오바마케어의 수혜자의 반발에 대한 우려로 트럼프케어에 대한 반대 의견이 있었기 때문이다.[8]

주변의 미국인들 대부분 미국 사회에서 가장 비효율적인 시스템으로 의료 체계를 손꼽는다. 하지만 '개혁은 혁명보다 어렵다'는 말처럼 오바마케어는 좋은 취지에도 불구하고 의료 비용을 낮춰 국민의 지지를 얻겠다는 정책 본연의 목표를 100% 달성하지 못하고 있다. 오바마케어 이후로도 의료 체계 개혁은 지속적으로 이슈가 되고 있지만 한 번 자리 잡은 제도는 기존의 이해관계가 고착화되어 있어서 수정하기는 어려울 것으로 보인다. 세계 제1의 강대국 미국의 어두운 면인 의료 체계를 살피다 보면 한국의 의료 보험 체계에 넙죽 절이라도 하고 싶은 심정이 된다.

---

8) 김태근, '오바마케어 대체에 실패한 트럼프케어: 미국 의료 보험정책의 정치사회적 함의', 국제사회보장리뷰, 2017.

6. 코로나19(1)

- 팬데믹 초기의 대혼란

2020년대 전 세계는 코로나19를 빼놓고는 경제, 사회 무엇도 얘기할 수 없게 되었다. 게다가 미국은 전 세계에서 코로나로 인한 사망자가 가장 많이 발생한 나라다. 그만큼 미국에서 코로나19는 미국 사회 전반을 바꿔 놓을 정도로 큰 영향을 끼쳤다. 코로나19로 인한 미국의 피해는 매우 심각하며, 우리나라와 피해 상황을 비교해 보면 그 심각함을 쉽게 알아볼 수 있다.

글로벌 통계 사이트인 '월드오미터(https://www.worldometers.info/coronavirus/)'에 따르면 23년 2월 기준 코로나 확진자 누적 수는 미국이 1억 509만 건이 넘어 세계 1위이며, 사망자 수도

114만 명이 넘어 세계 1위다. 우리나라의 확진자 수는 3,046만 명이며 사망자는 3만 명이 조금 넘는다. 비교를 위해 백만 명당 수치를 보면 확진자 수는 미국이 31만 명, 한국은 59만 명이며, 사망자 수는 미국이 3,400명이 조금 넘고 한국은 660명 수준이다. 코로나로 인한 가장 큰 피해라고 할 수 있는 사망자 부분에서 5배가 넘는 수치를 보이고 있는 것이다. 확진자 수는 동일 인구에 비했을 때 오히려 우리나라가 많지만 그 이유는 미국의 경우 코로나에 걸리더라도 검사를 받지 않고 넘어가는 경우가 훨씬 많아서일 것이다.

실제 2020년~2021년까지는 코로나 검사를 활발하게 했었지만 2022년 들어오면서는 대부분 고열 및 기침 등 코로나 증상이 있더라도 검사를 하지 않고 약을 먹고 넘어가는 경우가 많았다. 자가 진단 키트를 사용하여 양성이 나오더라도 학교나 지방 정부에서 관리를 엄격하게 하지 않다 보니 개인적으로만 양성임을 확인하고 넘어가는 경우가 다수였다.

2020년 초반, 미국에서 코로나19 확진자가 최초로 발생한 이후 미국 정부(연방 정부 및 지방 정부)의 대응은 혼돈 그 자체라고 표현할 만했다. 미국 내에서 첫 번째 코로나19 확진자가 발생한 것은 그해 1월 20일로, 첫 확진자는 중국 우한에서 미국 워싱턴 주로 입국하던 미국인이었다. 이는 한국에서 최초 확진자가 발생한 1월 19일과 거의 비슷한 시기였는데, 1월 31일 질병통제센터(CDC)에서 공중 보건 비상사태를 지정하였고, 이는 2023년 5월 11일 종료 때까지 이어졌다.

2020년 3월 16일, 필자가 거주하고 있는 오논다가 카운티에서도 첫 번째 확진자가 발생하였다. 확진자가 최근 해외여행 이력이 없었다 보니 이미 지역 사회 감염이 시작되었다는 평가가 나왔다. 카운티 정부에서는 바로 다음 날부터 모든 학교의 의무 휴교, 모든 레스토랑과 바의 현장 영업을 취소하고 테이크아웃만 가능하도록 행정 명령을 내렸다. 그로부터 며칠이 지난 3월 20일에는 뉴욕 주 전체에 비필수 근로자들이 재택근무를 하며 집에서 머물도록 하는 행정 명령이 내려졌다.[9]

---

9) 'COVID-19 Update: Two Cases Confirmed in Onondaga County; SCSD Offers Meals; Gathering Places Closed', WAER News, 2020. 3. 16.

이와 같은 행정 명령은 모든 시민들의 생활에 즉시 영향을 미치게 되었다. 미국 전역에 코로나 확진자가 발생하며 학교가 온라인 수업으로 전환될 것이라고 예상은 하고 있었지만 확진자 발생 하루 만에 휴교령이 발표되고 바로 발표 다음 날 딸이 학교를 안 가게 된 것이다. 당연히 준비가 되어 있지 않은 상태라서 혼란 그 자체였다. 학교에 있는 딸의 교과서나 학용품도 챙겨 오지 못했기 때문에 휴교 며칠 후에 학교에서 스쿨버스로 각 가정을 돌아다니며 학생들의 물품을 집 앞으로 배달해 줬다.

또한 온라인 수업은 줌(Zoom)으로 이루어졌는데, 집에 노트북이나 컴퓨터가 없는 학생들은 별도로 신청을 받아서 무료로 크롬북을 빌려주기도 하였다. 한국에서도 마찬가지였지만 온라인 수업을 하는 초등학교 저학년 자녀를 옆에서 관리하는 것이 참 힘들었다.

흥미로웠던 점은 학교에서 휴교 기간 중 점심을 공짜로 배부해 준다는 것이었다. 정해진 시간에 학교로 가면 드라이브 스루 방식으로 점심을 배부해 주며, 신청을 받아서 점심도 스쿨버스로 집에 배달해 주는 경우도 있었다. 점심은 과일, 토스트 등 미국식 간단한 메뉴로 나왔다. 점심 배부는 일주일에 두 번 정도, 2~3일치를 줬다.

코로나 기간 중 학생 1인당 학교에서 무료 배부한 점심(3일치).
우유와 시리얼, 과일, 미니 당근, PB&J(땅콩버터와 잼을 바른 식빵),
샐러드 등 다양한 구성이다 (저자 직접 촬영)

2020년 초반에 가장 불편했던 부분은 마스크나 손소독제 등 감염을 예방할 수 있는 용품들을 구할 수 없었던 점이다. 한국도 공공 마스크 제도를 도입하고 초반에는 줄을 서야 구입할 수 있었지만, 미국에서는 이런 제도 자체가 없었기 때문에 초반 몇 달간은 아예 마스크나 소독 용품을 찾아볼 수가 없었다. 외식이나 쇼핑도 하지 않고 학교도 모두 온라인으로 진행되었으며, 생필품은 배달 주문으로 하다 보니 마스크를 써야 할 일은 거의 없었지만 마스크나 소독제를 살 수 없다는 불안감이 계속되었다.

나중에 한국에 계신 부모님께서 마스크를 보내 주시기도 하였고, 험프리 펠로우 중 한 명이 주변 자동차 정비소에서 중국산 마스크를 소량씩 판매한다는 소문을 알려 주어 암시장 거래를 통해 일부 구매하기도 하였다. 또한, 화장지가 동이 나서 몇 주간 마트 진열대에서 찾아볼 수 없었던 시기도 있었다. 사태가 터지기 전에 화장지를 구비해 놨으니 망정이지 크게 불편함을 겪을 뻔했다.

필자가 거주하는 뉴욕주는 뉴욕시티를 중심으로 해서 미국 내에서도 코로나19의 피해가 가장 큰 지역이었다. 환자를 수용할 병원 시설이 부족하여 군용 함선이 임시 병원이 되어 뉴욕시 인근의 허드슨 강에 파견되기도 하였으며, 사망자가 급증하여 시신을 매장할 곳이 부족해서 뉴욕시 인근의 섬에 깊은 구덩이를 파고 관을 한꺼번에 묻는 참담한 지경에 이르기도 하였다. 이와 같은 엄청난 피해는 2020년 12월 코로나19 백신이 개발되고 FDA의 긴급 사용 승인을 받게 된 이후에야 전환점을 맞이하게 되었다.

코로나19 팬데믹 초기에는 트럼프 대통령의 잘못된 판단과 대응이 더 큰 혼란과 피해를 가져오기도 하였다. 트럼프 대통령은 3월 브리핑에선 코로나19가 인플루엔자보다 덜 치명적이며, 곧 확진자 수가 0에 가까워질 것이라고 말하는 등 코로나19에 대한 제대로 된 판단을 하지 못했다.[10] 트럼프는 마스크 착용에 대해서도 부정적이어서 CDC가 마스크 착용을 공식 권

---

10) 'Trump deliberately played down virus, Woodward book says', BBC, 2020. 9. 10.

고한 지 100일이 지나서 마스크를 착용하기도 했다. 그 외에도 확인되지 않은 발언을 통해 코로나19의 위험성을 축소하였다. 확인되지 않는 가짜 뉴스를 보고 클로로퀸을 치료제로 홍보하기도 하고, 코로나 검사 건수가 너무 많아서 확진자가 많이 나온다는 얘기 등을 했다. 이와 같은 코로나19에 대한 잘못된 대응은 2020년 11월에 있었던 대선에서 트럼프가 바이든에게 패한 주된 원인이 되었다.

결국 2020년 말에 백신이 개발되는 긍정적 뉴스를 맞이하게 되었지만, 미국은 확진자 2천만 명을 돌파하고 사망자가 30만 명 넘게 발생하며 2020년을 지나게 되었다. 2020년은 세계 최강대국 미국의 민낯을 볼 수 있는 시기였다. 정부의 대응은 우왕좌왕이었고, 가짜 뉴스가 난무하였다. 필수적인 의약품을 구할 방법이 없었고 의료 시스템도 빈약하여 엄청난 시민들이 죽어 갔던 것이다.

7. 코로나19 (2)

- 코로나와의 본격 전쟁

코로나19 팬데믹 시기에 가장 주요한 대응 수단은 백신이었다. 잘 알려진 바와 같이 미국의 다국적 제약사들은 코로나19 백신을 굉장히 신속하게 개발하여 막대한 이익을 얻었다. 하지만 미국인들은 백신에 대한 뿌리 깊은 불신이 있어서 백신 접종률 확대에 어려움을 겪기도 하였다. 과연 미국에서 백신의 개발과 접종은 어떻게 진행되었을까?

팬데믹 초기, 미국은 백신 개발을 위해 민관 합동 프로젝트인 '워프 작전(Operation Warp Speed)'을 통해 대규모의 재정적 지원과 함께 빠른 사용 승인을 위한 행정적 지원을 아끼지 않았다.

백악관에서 주도적으로 프로젝트를 이끌어서 가용 자원을 집중하고 추진력을 극대화하였다. 트럼프 행정부는 이 작전에 2020년에만 124억 달러를 사용하였다.[11] 일반적으로 새로운 바이러스에 대한 백신 개발은 막대한 자금이 투여되며, 안정성을 확보하기 위한 임상 실험이 단계별로 필요하기 때문에 시간도 굉장히 길게 소요된다. 워프 작전의 목표는 1년 내에 코로나19 백신을 개발하는 것이었다. 그러나 2020년 초반 코로나19가 유행하자 백신의 개발을 통한 대응은 현실적으로 쉽지 않았고, 적절한 치료제 및 치료 기법의 도입이 필요하다는 지적이 많았다. 하지만 새로운 백신의 기법인 mRNA백신의 적용과 미국의 워프 작전을 통하여 10년 가까이 걸리는 백신 개발을 다행히도 1년도 채 지나지 않은 2020년 내에 성공하게 되었다.

유례없는 신속한 백신 개발은 미국이 막대한 자금을 투자했기 때문일까? 바이오 의약품 산업의 특성상 돈만 투입한다고 해서 무조건 성공할 수 있는 것은 아니다. 실제로 모더나나 화

---

11) 'The Trump Administration's 'Operation Warp Speed' Has Spent $12.4 Billion on Vaccines', Times, 2020. 12. 14.

이자 등의 기업은 빠른 시간에 백신 개발에 성공하였지만, '머크'와 '사노피'등의 기업들은 미국 정부에서 거액의 자금을 지원받았음에도 백신 개발에 실패하기도 하였다. 하이 리스크-하이 리턴(High Risk-High Return)의 전형적인 형태를 보여 주는 것이 바로 백신 개발 산업이다.

연구 결과에 따르면, 코로나19 백신 개발의 성공은 기술적 요인으로 mRNA백신 플랫폼이 기존에 연구되었다는 점, 감염률이 높은 코로나19의 특성과 백신 개발에 대한 높은 열망으로 3~4만 명을 대상으로 하는 임상 실험을 신속히 진행할 수 있었다는 점, 마지막으로 정부의 대규모 자금 지원이 이뤄지면서 가능했다고 한다.[12] 신규 백신 개발은 이처럼 여러 요인이 적기에 성공적으로 이뤄지면서 가능했던 것으로, 우리나라도 향후 새로운 감염병 발생 시 신속한 백신 개발 및 확보를 위한 원천 기술 확보 및 임상 실험 지원 방안 등 다양한 민관의 노력이 필요할 것이다.

----

12) 송화연, '코로나19 백신 개발과 민관협력 파트너십', 성균관대학교, pp.76.

위프 작전을 통해 백신이 개발되고 2021년은 백신 접종을 둘러싼 많은 이슈가 있었다. 미국은 정부 지원을 받아서 개발된 백신을 우선적으로 자국에 공급하도록 행정 명령을 내렸다. 이에 따라 우리나라를 포함한 세계 많은 나라들이 백신을 충분히 공급받지 못해 큰 어려움을 겪었다. 반면 미국에서는 충분히 확보된 백신을 어떻게 하면 효율적으로 국민에게 접종할 수 있을지가 큰 쟁점이 되었다. mRNA백신은 안정성이 떨어지기 때문에 낮은 온도에서 냉동 상태로 이송 및 보관해야 하고 유통 기간도 길지 않았기 때문에 백신을 많이 확보하더라도 빠르게 접종하지 않으면 폐기 처분을 할 수밖에 없다. 바이든 대통령은 21년 1월 20일 취임하면서, 취임 100일 내에 백신 1억 회를 접종하겠다는 계획을 발표하였다. 이 계획은 조기 달성되어 취임 100일이 되기 전에 목표를 2억 회로 상향했고, 실제로 4월 21일 이 목표를 달성하였다.[13]

결과적으로 빠른 시일 내에 백신 접종이 이루어졌지만 이 과

---

13) "We did it": Biden celebrates U.S. hitting milestone of 200 million doses in his first 100 days', NBC news, 2021. 4. 21.

2021년 7월, 미국의 한 공항에서 누구나 무료로 코로나19 백신을 맞을 수 있다는 안내판
(저자 직접 촬영)

정에서 백신 접종에 대해 반대하는 시민들의 많은 반발이 있었
다. 실제로 시내나 관광지 등 사람들이 많이 모이는 장소에서
백신 반대 시위를 자주 접할 수 있었다. 당시 우리나라에서는

백신의 부작용에 대한 두려움으로 백신 접종을 피하는 사람들이 많았지만, 미국에서의 주된 반대 논리는 개인의 자유를 침해하는 백신 의무화에 대한 반대다. 시위대의 팻말에는 'Freedom of Choice(선택의 자유를 달라)', 'Healthcare Heroes demand Medical Freedom(의료종사자들은 의학적 자유를 원한다)', 'Our Children, Our Choice(우리의 아이들은 우리가 결정한다)'등 국가의 강제적인 백신 접종 정책에 대한 반발과 함께 개인의 백신 선택권에 대한 자유를 강하게 주장하고 있었다.

백신 접종률을 높이기 위해 각 주들에서는 다양한 인센티브를 제공했다. 복권과 도박에 관대한 나라답게 백신에 대한 인센티브도 복권으로 제공하는 주가 있었다. 뉴욕주와 메릴랜드주에서 백신 접종 주민들에게 복권을 지급했는데, 뉴욕주는 최소 20달러에서 최대 500만 달러의 당첨금이 걸린 복권을 지급했으며, 메릴랜드주는 5주간 매일 최대 4만 달러까지의 상금이 걸린 복권을 제공하여 백신 접종자가 급증하는 효과를 가져오기도 하였다. 연방 정부에서는 공무원들을 대상으로 백신을 맞지 않는 경우 매주 코로나19 검사를 받게 하고 출장을 못 가게

하는 등의 제약을 줬다.

2021년에는 일부 시민들의 백신 반대 여론에도 불구하고 다양한 백신 접종 인센티브와 풍부한 백신 물량 공세 그리고 백신 미접종 시 간접적인 불이익 규제 등을 통해 미국의 백신 접종이 조기에 확산되었다. 하지만 델타 변이 바이러스와 이어진 오미크론 바이러스의 유행으로 백신의 감염 방지 효과는 줄어들었고, 곧이어 미국은 코로나19 바이러스와의 공존으로 정책을 전환하게 되었다.

8. 코로나19 (3)

- 코로나와의 공존

미국에서 코로나19 관련 규제가 가장 강했던 뉴욕주는 2022년 2월 10일 실내 마스크 착용 의무를 해제하였고, 공공 장소 입장 시 백신 접종 증명서 제출 의무도 해제하였다. 원하 는 사람들은 마스크를 착용할 수 있지만 명실상부하게 코로나 19와 공존하는 일상생활로 돌아간 것이다. 이후에는 실내 시설 이나 교통 시설에서도 마스크를 쓴 사람이 많지 않다. 학교 수 업이나 비행기 내부에서도 마찬가지다.

2021년 하반기부터 미국은 코로나19와의 공존으로 정책을 전환했고, 일상생활에서는 코로나19의 공포가 크게 느껴지지 않는 모습을 보였다. 2020년 초 이후 매일같이 이어지던 코로나19 관련 뉴스의 빈도가 점점 줄어들더니 2022년 들어서는 보기가 힘들어졌다. 코로나19가 의심되더라도 검사를 받지 않고 지나가는 것처럼 의심되는 경우가 많아졌다. 미국은 개인의 자유와 프라이버시를 어떠한 가치보다 중시하기 때문에 의심자에 대한 검사와 확진자에 대한 격리가 우리나라에 비해서 월등하게 떨어졌다.

우리 정부는 코로나19 대응 전략을 '3T'로 설명하였다. 'Test(검사)-Treatment(치료)-Trace(추적)'이 그것이며, 특히 Trace(추적)는 미국을 포함한 다른 서구 국가들과 큰 차이를 보이는 부분이다. 우리나라는 식당, 카페 등 다중 이용 시설 이용 시 QR코드 및 수기 등 방법을 통해 출입자를 모니터링하고, 확진자 발생 시 이용 정보를 활용하여 밀접 접촉자를 분류하고 관리했다. 또한 확진자 발생 정보 및 확진자가 이용한 다중 이용 시설의 상호명과 이용 시간을 코로나19 초기에 모두 공개했다. 이러한 추적은 코로나19의 전파를 막는 주요한 수단으로 그 효과를 발휘하였다.

나는 2020년 4월, 험프리 과정의 세미나를 통하여 한국의 코로나19 대응 전략을 발표하였다. 많은 외국 학생들은 우리나라의 사례에 대해 큰 관심을 보이며 다양한 질문을 했다.

한국과 미국의 코로나19 대응 관련 가장 큰 차이는 Trace(추적)의 유무다. Trace(추적)는 확진자의 동선 추적과 함께 이에 대한 정보 공개를 포함하고 있다. 'K-방역'이라 일컬어지는 우리나라의 코로나19 대응은 확진자 수 증가를 방지하는 측면에서 성공적인 것으로 평가되었다. 미국 및 유럽 등 서방 국가들과 비교한 인구 대비 사망자 수를 보면 그 효과를 쉽게 알 수 있다.

하지만 발표를 들은 미국인과 다른 펠로우들의 반응은 나의 예상과 벗어났다. 강력한 추적을 통한 확산 방지 정책이 효과가 있다고 하더라도 확진자의 동선을 국가가 파악하고 이를 공개하는 것에는 반대의 의견이 많았다. 백신을 접종받고 바이러스를 피하는 것은 개인의 선택이며, 코로나19에 걸리고 사망할 수 있는 위험은 선택에 따른 책임이라는 생각이 짙게 깔려 있었다. 또한, 민감한 정보인 개인의 확진 정보 및 확진자의 이동

동선 공개에 대해서는 심각한 우려를 갖는 경우가 많았다.

백신 접종률이 높아지고 많은 시민이 코로나19에 걸렸다가 회복되었으며, 자연스럽게 2022년 마이크론 변이의 확산이 진정된 후에는 미국에서 더 이상 코로나19 바이러스에 대한 공포가 크게 남아 있지 않다. 하지만, 코로나19는 미국을 포함한 전 세계에 수많은 사상자를 낳았고, 공중 보건에 대한 정부 정책에 대한 관심이 커지고, 이와 관련된 다양한 찬반 논쟁은 여전히 이어지고 있다.

9. 시라큐스

– 살기 좋은 대학 도시의 도시 재생 노력

시라큐스는 살기 좋은 도시로 꼽히는 동북부의 중소도시다. 뉴욕시티에서 차로 4시간 반 정도 떨어져 있으며 유명한 관광지나 대기업은 없는 평범한 지방의 중소도시라고 볼 수 있다. 하지만 미국 내에서도 살기 좋은 도시로 손꼽히고 있는데 그 비결은 무엇인지 살펴보자. (U.S. news & World Report는 매년 미국에서 살기 좋은 도시를 발표하는데, 2022년~2023년 순위에서 시라큐스는 전체 38위를 차지하였다.)

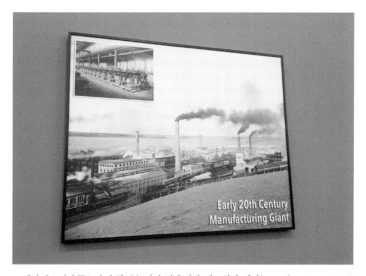

20세기 초, 시라큐스가 속한 오논다가 카운티가 제조업의 거인(Manufacturing Giant)
였다는 과거 사진으로 오논다가 카운티 의회 회의장에 게시된 액자
(저자 직접 촬영)

시라큐스는 뉴욕 주에 속해 있지만 뉴욕시티와는 전혀 다른 환경을 갖고 있다. 고층 빌딩이나 교통 체증은 거의 없으며 대다수의 주민들은 교외의 한적한 단독 주택 단지에 거주하고 있다. 시라큐스시의 인구는 14만 5,170명이며 시라큐스시가 속

한 오논다가 카운티는 47만 6,516명이다. 오논다가 카운티의 약 50만의 인구가 일자리 및 쇼핑 등 생활권을 공유하고 있다.

시라큐스의 특성을 간단히 말하면 대학 도시라고 볼 수 있다. 종합 대학인 시라큐스대학교(Syracuse University)를 포함하여 르모인 칼리지(LeMoyne College), 오논다가 커뮤니티 칼리지(Onondaga Community College), 뉴욕 주립대학의 의대 및 환경대학(SUNY(State University of New York) Upstate Medical, SUNY Environmental Sciences and Forestry) 등의 대학교가 오논다가 카운티에 위치하고 있다. 큰 민간 기업 없이 여러 대학교와 병원 등이 중심이 되어 일자리를 제공한다. 실제 오논다가 카운티를 포함한 뉴욕 주 중앙부의 12개 카운티의 일자리 통계를 살펴보면 1위부터 6위까지를 대학교 또는 의료 법인들이 차지하고 있다.

민간 기업 중에 가장 많은 일자리를 제공하는 기업은 월마트로 4,600명으로 7위, 방위산업체 록히드 마틴이 4,100명으로 9위에 있다.[14] 여러 대학교들이 안정적이며 고소득의 일자리를

---

14) CenterState Corporation for Economic Opportunity, Syracuse, New York Fact Sheet- June, 2022.

시라큐스(Syracuse) 위치 (출처: Syracuse University Homepage)

제공하고, 젊은 학생들도 다수 거주하고 있다. 미국에서 6번째
로 큰 실내 쇼핑몰(Destiny USA)이 위치하는 등 상업 시설도 풍
부하고 공항 및 철도 등 교통도 나쁘지 않다. 차로 한 시간 거

리에 오대호 중 하나인 온타리오 호수가 위치하는 등 크고 작은 호수도 많아서 공원이 많고 경관도 훌륭하다. 이처럼 너무 복잡하지 않고 저렴한 생활비에 불편하지 않은 주변 시설을 갖추고 있다 보니 살기 좋은 도시로 평가받는다.

하지만 시라큐스는 현재의 모습과는 사뭇 다른 아픈 과거를 갖고 있다. 20세기 초반까지는 공업도시의 영화를 누렸으나 미국 제조업의 쇠퇴로 인해 자연스럽게 도시도 쇠락의 길을 겪은 것이다. 1825년 미국의 오대호 중의 하나인 이리 호(Lake Erie)에서 뉴욕시티의 허드슨 강(Hudson River)을 잇는 이리 운하(Erie Canal)가 완공된다. 미국의 오대호 지역과 대서양 및 뉴욕시티를 잇는 운하는 교통 혁명을 가져왔다. 이리 운하가 지나게 된 시라큐스 지역은 공업 지역으로 발전하게 된다. 시라큐스에는 에어컨으로 유명한 캐리어(Carrier)의 본사, GE(General Electric)의 방위 산업 관련 공장, 타자기 기업 스미스-코로나(Smith-Corona) 등이 위치하며 공업 도시로 발달하게 된다.

하지만 미국에서 제조업은 20세기 들어 사양 산업으로 접어들고 오대호 주변의 공업도시들은 이른바 러스트 벨트화 되며 쇠퇴의 길에 접어들게 된다. 여전히 시라큐스 도심에는 과거의 공장 건물이 있으며, 공장 가동을 하지 않아 빈 건물로 남아 있는 곳도 많다. 이런 여파로 오논다가 카운티의 인구도 2000년대까지 계속 정체 상태였다. 1980년 인구 조사에서 463,920명이었던 인구는 2000년 458,336명으로 오히려 감소하였다.[15] 같은 기간 동안 미국 전체 인구가 2억 2,650만 명에서 2억 8,220만 명으로 증가하였음을 비교해 보면 이 지역의 인구 감소는 더욱 크게 다가온다. 도심 지역에서 공장들이 문을 닫고 주민들은 교외 지역의 신규 주택 단지로 이주하면서 도심 공동화 현상이 2000년대까지 지속되었다. 이에 지방 정부는 도심 공동화 현상을 해결하기 위한 도시 재생 노력에 힘쓰고 있다.

시라큐스 지역의 도시 재생은 현재 진행형이며, 그중심에는 시라큐스대학교가 있다. 도심의 공간 환경을 정비할 필요가 크게 제기되었고 이를 주관하여 추진할 시라큐스의 디자인 대학이 현장 한가운데인 도심의 빈 창고 건물로 이전한다. 도시 재

---

15) U.S. Census Bureau, American FactFinder.

생의 기본 콘셉트는 '연결 통로(Connective Corridor)'이다. 지역에서 가장 사람이 몰리며 역동적인 대학가와 도심을 연결하여 단절된 도심 공간의 활력을 불어넣고, 노후된 도심 건물과 거리를 리모델링하려는 것이다. 시라큐스 도심은 노후 건물의 정비와 치안 개선 등 갈 길이 멀지만 서서히 젊은 대학 도시로서의 정체성과 문화가 형성되고 있다. 지역의 인구도 서서히 증가하는 추세다.(2020년 기준 476,516명) 특히 2022년 오논다가 카운티 내의 클레이시에 미국 반도체 기업 마이크론(Micron)의 투자 계획이 발표되면서 앞으로는 일자리 증가와 도시 활성화가 더욱 기대되고 있다.

한국에도 많은 지방 도시들의 산업 구조 고도화로 일자리 및 인구 감소, 도심 공동화 등의 문제를 겪고 있다. 지방 정부에서 도시 재생을 위한 다양한 정책을 추진하고 중앙 정부가 지원하고 있지만 여전히 수도권이 아닌 지방에서 일자리와 인구가 늘어나는 경우는 흔치 않다. 대학은 교수 및 교직원 등 안정적이고 인기 있는 일자리를 제공하며 젊은 인재들이 유입되어 해당 지역에 거주하게 된다. 도시 재생에 있어 최고의 자원이 될 수 있는 대학이 우리나라의 지방엔 부족한 현실이 안타깝다. 미국은 수도인 워싱턴 D.C.나 뉴욕에도 좋은 대학이 많지만 다른 지방에도 많은 유명 대학들이 존재한다. 서울에 있는 대학들의 인기가 점점 더 올라가는 현실에서 지역 균형 발전을 위해 과거 공공 기관을 지방으로 이전한 것처럼 유명 대학들도 지역으로 이전하는 것을 과감하게 촉진하는 정책들을 시도해 보는 것은 어떨지 조심스레 생각해 본다.

우리 가족 최애 공간
- 시라큐스 공공 도서관

우리 가족이 미국 공공시설 중 가장 많이 활용하고 만족도가 높았던 곳을 꼽으라면 동네 공공 도서관이 될 것이다. 오논다가 카운티에는 공공 도서관이 총 32개가 운영되고 있다. 중앙 도서관 외에 시라큐스 도심 지역에 10개가 있으며, 교외 지역에 위치한 21개의 도서관으로 이뤄진다.

도서관은 기본적으로 제공하는 단행본 및 영상 자료(영화, 시리즈, 다큐멘터리 등) 대여 및 컴퓨터·프린터 사용 외에도 다양한 혜택을 제공하고 있었다. 보드 게임과 XBOX/PS/닌텐도 등 비디오 게임 콘텐츠를 무료로 대여해 줘서 자주 이용했으며, 전기 회로 키트, 망원경 및 현미경 등 과학 체험 키트도 대여가 가능했다. 이러한 대여 물품은 최신 게임 및 키트도 수시로 업데이트되고 관리 상태도 매우 훌륭해서 대여를 할 때마다 '도서관에서 이렇게 무료로 빌려주면, 민간 기업이 반발하지 않으려나?'하는 생각이 들 정도였다. 수시로 열리는 재능 기부 형태의 강연과 영화 상영 프로그램, 다양한 공예 체험 프로그램도 활발했다. 또한, 오래 지나지 않은 서적 및 영상 자료들도 0.5달러에서 1달러의 저렴한 가격으로 자주 판매했고, 집에서 책을 가져와서 도서관 책과 교환하는 행사도 간혹 진행되었다. 이 외에도 오논다가 카운티 정부 및 뉴욕주 정부에서 관리하는 공원 시설을 무료로 입장할 수 있는 입장패스도 무료로 대여할 수 있다. 이처럼 다양한 혜택을 받을 수 있으니 도서관은 딸아이뿐만 아니라 필자와 아내도 적극적으로 활용하며 미국 체류 시 삶의 질을 높이는 데 크게 기여했다.

최근 우리나라도 도서관이 양과 질 측면에서 크게 발전하였다. 특히, 현재 거주하고 있는 세종시는 신도시 특성상 주민 센터 및 공공 도서관의 건물이 매우 깨끗하고 최신 시설로 잘 꾸며져 있다. 다만, 도서관에서 받을 수 있는 혜택은 도서 대여 및 공부 공간을 활용하는 것 외에는 미국과 비교해 보면 혜택 제공 측면에서는 조금 부족한 것이 사실이다. 우리의 공공 도서관도 책 대여 외에 지역 주민이 보다 다양한 분야에서 활용할 수 있는 혜택이 늘어났으면 하는 바람이다.

저자가 가장 많이 이용한 도서관인
'Community Library of Jamesville & Dewitt' 의 전경
한적한 언덕에 위치하여 주변 경관을 보기에도 좋다. 겨울이 길고 눈이 많이 오는 날씨라서 사진에서처럼 눈에 쌓인 도서관의 모습을 겨울 내내 볼 수 있다
(출처: 도서관 공식 페이스북 페이지)

10. 시라큐스 지역 경제 활성화

- 반도체 기업 투자 유치 사례

반도체 산업은 전 세계적으로 공급망 이슈에서 가장 큰 관심을 받는 산업이다. 특히 우리나라의 경우 반도체 산업이 전체 수출의 18% 이상을 차지(2021년 20.0%, 2022년 18.9%[16])하는 핵심전략산업이라는 점에서 그 중요성이 더욱 크다. 최근 전 세계 주요 국가들은 자국 내에 반도체 산업의 안정적 공급망을 구축하기 위해 산업 정책을 앞다투어 발표하고 있다. 2022년 8월 미국의 반도체 지원법(CHIPS act)이 최종 통과되었고, 2023년 7월 EU도 반도체 지원법(European CHIPS act)을 통과시켜 민간 및 공공부문 투자를 합해 약 430억 유로(62조 원)를 투입할

---

16) 산업통상자원부.

계획이다. EU는 현재 글로벌 반도체 시장 점유율 10% 수준을 2030년까지 20%까지 끌어올리겠다는 목표를 설정하였다.[17] 우리나라도 2022년 7월 '반도체 초강대국 달성 전략'을 발표하는 등 반도체 산업을 둘러싼 글로벌 경쟁이 치열하다.

미국에서 반도체 지원법이 통과된 지 얼마 되지 않은 2022년 10월, 마이크론사(Micron Technology, inc.)의 1,000억 달러 투자가 발표되면서 중간 선거를 앞둔 바이든 정부의 경제 정책 분야 큰 성과로 홍보되었다. 필자는 당시 미국 뉴욕주의 오논다가 카운티(Onondaga County)의 시라큐스(Syracuse) 지역에 거주하고 있었는데, 마이크론의 투자 예정지가 바로 오논다가 카운티의 클레이(Clay) 지역이었다. 좀 더 구체적으로는 클레이에 있는 'the White Pine Commerce Park'라는 곳으로, 현재는 나무와 풀만 무성한 빈 땅이다.

워낙 대규모의 투자 계획이다 보니 당연하게도 최근 몇 년간

---

17) 'Chips Act: council gives its final approval', European council press release, 2023. 7. 25.

시라큐스시에서 열린 마이크론의 투자 계획을 설명회.
바이든 대통령이 참석한 가운데 설명하는 호컬 뉴욕 주지사 모습
(출처: 주지사 공식 SNS Flickr)

미국 전역의 지방 정부에서 마이크론의 투자를 받기 위해 경쟁
해 왔지만, 뉴욕주 중북부의 작은 도시가 승리한 것이다.

투자 계획 발표 행사는 시라큐스대학교에서 이뤄졌는데, 뉴욕 주지사 '캐시 호컬(Kathy Hochul)'과 마이크론 CEO '샌제이 메로트라(Sanjay Mehrotra)'가 참석하였으며, 같은 달 27일에는 바이든 미국 대통령도 시라큐스를 직접 방문하여 마이크론의 투자 결정을 환영하는 연설을 했다. 지역 뉴스에서는 연일 마이크론 투자 유치의 경제적 효과에 대해 언급하고 있으며, 어떻게 다른 지역과의 경쟁에서 승리하였는지에 대한 기사도 보도되었다.[18]

마이크론 투자의 지역 경제적 효과를 살펴보면 새로운 일자리 창출에 대한 기대가 크다. 반도체 공장을 통해 발생하는 직접적인 일자리는 9천 개로 예상되며, 간접적으로는 지역 사회에 4~5만 개의 일자리가 창출될 것으로 발표되었다. 장치 산업인 반도체 산업의 특성상 투자 금액 대비해서는 일자리가 직접적으로 창출되는 수가 크지 않은 측면이 있지만, 지방 중소도시인 오논다가 카운티에서는 마이크론의 투자가 경제적 전환점이 될 것으로 평가받는다. (현재 오논다가 카운티에서 가장 많은 인력을 고용하는 곳은

---

18) Syracuse.com, "Generational change ahead", 2022. 10. 9.

업스테이트대학교 의료 시스템(Upstate University Health System)으로 9,500여 명을 고용하고 있고, 2위는 시라큐스대학교로, 4,600명 수준이다. 마이크론은 향후 오논다가 카운티에서 민관을 통틀어 1, 2위의 고용주가 될 전망이다.)

미국 국가 측면에서도 마이크론의 투자는 반도체 공급망에 긍정적 효과를 가져올 것이다. 마이크론은 한국 반도체의 주력 상품인 D램 분야에서 삼성전자와 SK하이닉스에 이은 세계 3위 기업으로, 그동안은 연구 개발은 미국에서 주로 이뤄지고 실제 반도체는 대만, 일본, 싱가포르 등 아시아 지역에서 대부분 생산하고 있었다. 이번 투자 결정 과정에서도 마이크론이 해외 투자 및 미국 내 투자를 모두 고려하였지만, 미 의회의 반도체 육성법 통과에 따라 대규모 반도체 생산 공장을 미국에 설립하기로 했다는 평가가 이어지고 있다. 이에 따라 향후 메모리 반도체의 상당 부분이 '메이드 인 아메리카'로 충당될 수 있을 것이다.

미국 내의 투자 지역 결정 과정에서도 여러 대안들이 오랜 기간 검토되었던 것으로 보인다. 오논다가 카운티 정부는 투자 확정 이후, 마이크론과의 투자 유치 협상이 단시간 내에 결정된 것이 아니며 1년 반가량 투자 유치를 위한 긴 협상을 진행해 왔다고 언급했다. 협상 중 가장 어려운 부분은 당연히 돈과 관련된 부분이었다. 뉴욕주는 상대적으로 도시화가 많이 진행된 다른 중부나 서부주들에 비해 땅값이 비쌀 수밖에 없었다. 하지만 뉴욕주 시라큐스 지역이 텍사스 등 경쟁지에 비해 삶의 질이 우위에 있었다. 마이크론의 부지 평가 팀은 후보 지역들을 현지 방문하여 투자 여건을 평가하였는데, 조용하고 안전하며, 대학 도시로서 고급 인력이 풍부한 시라큐스를 살고 싶은 도시로 평가하며 좋은 점수를 주었다고 한다.

또한, 카운티 정부에서 수년간 대규모 투자 유치를 위해 전략적 준비를 했던 부분이 주요했다. 우선 광활한 공장 부지로 활용할 수 있는 미개발 상태의 대규모 습지를 지방 정부에서 사들였다. 2019년, 카운티 정부는 총 2,500만 달러를 들여 399에이커(161만㎡)의 땅을 구매했다. 하지만 대규모 반도체 공장을 짓기에는 부족했기에 2022년까지도 계속해서 주변 땅을 사들여 1,400에이커(566만㎡, 여의도 면적 290만㎡의 약 2배) 규모로 땅을 확보하였다. 이 땅은 수십 년 전부터 카운티 정부에서 자동차 공장, 실내 농장, 제약 공장 등을 유치하기 위한 후보지로 생각하고 있었지만 그간 기업 유치에 계속 실패해 왔다. 그러자 지방 정부에서는 좀 더 공격적으로 아예 지방 정부에서 땅을 매입해서 직접 투자하려는 기업에 매각하기로 전략을 수정하였다. 투자 기업은 민간 땅 주인과의 매수 협의를 개별적으로 진행할 필요가 없어지게 되어 투자 진행이 훨씬 용이해지게 되었다. 마이크론은 카운티로부터 이 땅을 3천만 달러에 구매하기로 계약하였다.

이곳은 반도체 공장을 짓기에 최적의 장소라는 점도 큰 메리트였다. 첨단 반도체 공정은 엄청난 양의 전력과 물을 필요로 한다. 시라큐스 근처에는 765kV의 고압 송전선이 지나고 있으며, 오대호 중 하나인 온타리오 호수가 인근에 위치하고 있어서 충분한 양의 물을 공급받을 수 있다. 실제로 마이크론 반도체 공장은 향후 필요한 물(하루에 2천만 갤론)의 절반을 온타리오 호수에서 끌어올 예정이며, 나머지 절반은 폐수를 처리한 물을 사용할 계획이다. 이에 카운티는 추가적으로 2억 달러를 들여 폐수 처리 시설을 업그레이드하겠다는 계획을 발표하였다. 이러한 노력들은 이전에도 TSMC와 인텔 등 세계적인 반도체 기업들이 투자처 중 하나로 시라큐스 지역을 고민하게 만들었다. 실제 TSMC가 2020년 아리조나의 피닉스에 120억 달러 규모로 투자하기로 최종 선택하기 전까지 후보지로 시라큐스 지역을 고민하였다고 한다.

오논다가 카운티에서는 보다 객관적이고 전문적으로 마이크론 투자 프로젝트를 대비하기 위해 수십 명의 민간 전문가를 활용하기도 하였다. 엔지니어링 회사인 Ramboll사와 부지 컨설팅 계약을 맺었고 Spectra Engineering사는 환경 규정 검토를 맡았다. 민간 전문 회사의 외부 컨설팅을 통해 좀 더 객관적이고 정밀하게 지역의 투자 여건을 평가하여 마이크론에 제시할 수 있었다.

좋은 부지 여건 및 지방 정부의 실무적인 노력 이외에도 정치적인 부분도 마이크론의 투자 결정에 큰 영향을 끼쳤다. 최근 미국에 반도체 공장 투자가 이어지는 주요 원인은 여러 번 언급하였던 반도체 지원법(CHIPS Act) 덕택이다. 이 법은 미국

내 신규 투자에 대한 대규모 보조금 지급과 세제 혜택에 대한 내용을 주로 담고 있다. (총 520억 달러의 보조금 지급이 가능하며 기업당 최대 30억 달러 지급이 가능하다. 또한 최대 25%의 연방 세금 공제가 가능하며 세금 환급에는 상한선이 없다.)

특히 눈여겨볼 점은, 이 법을 제안하고 통과시키는 데 핵심적인 역할을 한 사람이 민주당의 척 슈머(Sen. Chuck Schumer) 상원의원이라는 점이다. 그의 지역구가 바로 마이크론의 투자 지역인 뉴욕주이며, 그는 CNBC와의 방송 인터뷰에서 반도체 지원법을 마련하는 과정에서 마이크론 CEO와 50번 넘게 통화했다고 밝히기도 했다.

연방 정부 및 정치권의 노력 외에 지역 정치권의 노력도 더해졌다. 뉴욕주 의회는 반도체 지원법이 통과한 직후인 2022년 8월 'Green Chips법'을 통과시켜 마이크론이 연방 세금 공제 외에 향후 20년간 58억 달러 규모의 주 세금 공제를 받을 수 있도록 했다. 또한, 카운티에 납부하는 재산세(Property tax)도 감면받는데, 49년간 2억 84백만 달러를 감면받아 총 8천450

만 달러만 납부하면 된다.[19]

마이크론이 향후 계획대로 20년간 1,000억 달러의 투자와 9,000개의 일자리를 창출하게 되면 연방 정부, 뉴욕주 정부 및 카운티 정부 등으로부터 약 90억 달러 이상의 지원을 받을 수 있다. (이는 연방 정부 보조금 30억 달러, 주 정부 58억 달러 세금 공제 등을 포함하며, 이와 별도로 연방 정부의 25% 세금 공제는 향후 확정될 예정이라 총 지원 규모는 90억 달러가 넘을 것으로 예상된다.[20])

반도체 산업에 대한 대규모 보조금 지급 및 세제 혜택을 담은 법률 논의 과정이 어려움 없이 진행된 것은 아니었다. 엄청난 수익을 올리고 있는 반도체 기업들에게 보조금과 세금 혜택을 주는 것이 정당한지에 대한 논쟁이 있었다. 민주당과 공화당 사이의 정치적 이해관계도 얽히면서 1년 넘게 법률 통과가 지연되기도 했다. 하지만 날로 심각해지는 반도체 공급망에 대

19) Syracuse.com., "Micron would get $284M tax break under proposed county deal", 2022. 10. 30.
20) Syracuse.com., "Micron eligible for at least $9 billion in incentives for Clay project amid industry downturn", 2022. 10. 9.

한 우려와 글로벌 반도체 투자 유치 경쟁 등으로 인해 반도체 지원법은 결국 통과되었다.

법률 통과 및 투자 발표는 모두 2022년 8월부터 10월 사이에 이루어졌는데, 미국의 중간 선거가 2022년 11월 8일에 열렸다는 점을 감안하면 정치적 효과가 반영되었다는 점을 알 수 있다. 중간 선거를 앞두고는 높은 인플레이션 등 실물 경제 악화로 인해 민주당이 크게 패할 것이라는 전망이 우세했었다. 뉴욕주의 경우 전통적으로 민주당이 유리한 주였지만 중간 선거에서는 공화당 주지사가 당선될 수도 있다는 기사가 있었다. 하지만 실제 결과는 상원의원인 척 슈머, 뉴욕주 주지사인 캐시 호컬 모두 승리하여 연임을 확정하였다. 캐시 호컬 주지사는 선거를 앞두고 TV 광고를 통해 마이크론 투자 유치를 연일 홍보하였는데, 그녀의 선거 승리에 이번 투자 유치가 어느 정도 기여를 했을 것이라고 생각한다.

우리나라도 지역 경제 활성화를 위해 민간 기업의 투자 유치를 위한 노력이 활발하다. 산업단지를 조성하여 부지를 제공하고 세금을 감면해 주는 노력들도 많다. 특히 반도체 산업은 한국에서도 수출 1위 산업으로서 지방 정부들이 투자 유치를 위해 힘쓰고 있다. 이번 오논다가 카운티의 마이크론 반도체 투자 유치 사례를 참고할 수 있을 것이다.

마이크론 투자 건과 유사한 규모의 투자 발표가 2019년 우리나라에서도 있었다. SK하이닉스가 경기도 용인시에 122조 원을 투입해 반도체 공장을 설립하고 이로 인해 지역 사회에 3만여 개의 일자리가 만들어질 거란 계획이었다. 마이크론 건과 매우 유사한 투자 계획이다. 하지만 부지, 용수, 전력 등 기본 인프라 구축에 필요한 절차들이 늦어지면서 본격적인 공장 착공이 지연되고 있다. 반도체 산업의 특성상 2022년 들어서면서 반도체 업황의 악화로 투자 속도를 조절할 수는 있겠지만, 우리나라와 미국 간 기업의 투자 여건이 어떤 차이가 있는지를 반도체 공장 투자 진행 상황을 비교해 보면서 알 수 있을 것이다.

11. 미국의 주거 환경

- 단독 주택 단지의 명과 암

미국 풀브라이트 재단에서 운영하는 험프리 펠로우쉽에 선정되고 나면 1년간 미국에서 연수받을 대학교를 선정해서 알려 준다. 미국 전역의 12개 대학교 중 가게 될 곳이 시라큐스대학교로 결정된 것은 2019년 초반이었다. 같은 해 6월에 미국으로 출국해야 하므로 급하게 시라큐스에 대한 정보를 알아보았다. 알아보니 한국인 유학생들이 많이 모여 있는 아파트 단지가 한 곳 있었고, 자연스럽게 필자도 그 아파트에 렌트를 구해 살게 되었다. 저렴한 가격이라는 장점과 무엇보다도 딸이 다니게 될 초등학교 학군이 좋다는 평가가 많아서 선택한 것이다. 미국에 와서 몇 달 살아 보니 시라큐스 주변 교외 지역도 지역에 따라 학군이 천차만별이며 집값 및 거주하는 인종도 크게 차이가 나는 것을 알게 되었다. 시라큐스대학교와 다운타운을 중심으로 동쪽 지역은 내가 지내던 Jamesville-Dewitt 타운과 Manlius 타운이 위치하며 학군이 좋고 백인의 비중이 높은 지역이다. 대학이 위치한 다운타운 지역, 그리고 북쪽 지역이 슬럼화가 되어 있으며 흑인 등 저소득층 비중이 높은 지역이다.

다음 그림은 시라큐스시(City of Syracuse)의 인종별 분포를 점으로 표시한 지도다. 파란색은 백인 분포를 나타내며 빨간색은 흑인을 나타내며 점 하나는 10명의 인구를 보여 준다. 시라큐스를 남북으로 나누는 큰 도로인 81번 고속도로를 기준으로 왼쪽에 빨간색 점이 유난히 모여 있는 것을 쉽게 볼 수 있으며, 시라큐스 북서쪽 호수 근처와 동쪽인 Westcott, Meadowbrook 지역은 파란색이 주로 몰려 있다.

2018 Population by Race in Syracuse, NY

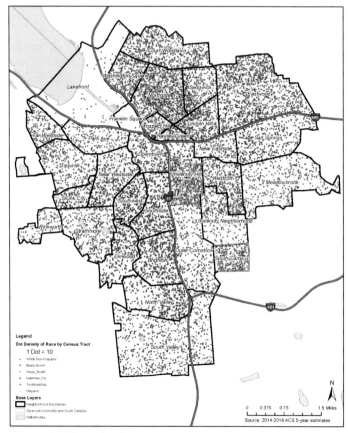

2018년 시라큐스 지역의 인종별 인구 분포도 (파란 점: 백인, 빨간 점: 흑인)
(출처: www.cnycentral.com, The Map: Onondaga county ranks in high racial
income difference)

다음 그림은 시라큐스를 포함한 오논다가 카운티의 인종별 인구 분포를 표시한 지도다. 시라큐스시의 인종별 분포보다도 그 차이가 확연한 것을 확인할 수 있다. 카운티의 도시 지역인 시라큐스 지역에만 빨간색 점이 집중해서 분포하고 있으며, 주변 도시들은 파란색 점들만 분포한 것처럼 보인다. 다시 말해, 도심에는 흑인들이 다수 거주하고 있으며, 이른바 도심 외곽의 주거 지역(Sub-urban)에 백인들이 거주하고 있는 것이다.

시라큐스에 3년 가까이 살면서도 시내 중심부 다운타운 지역은 관공서와 공연장 등이 위치하고 있어 몇 번 갈 기회가 있었지만 시라큐스 북쪽 지역은 갈 기회가 많지 않았다. 어느 날 험프리 펠로우 중 브루키나 파소라는 아프리카 국가에서 온 친구의 소개로 다 같이 아프리카 음식 전문점을 가게 되었다. 시라큐스 북쪽에 위치한 음식점이었는데, 그곳으로 향하며 동행 모두 다들 적지 않게 놀랐다. 주변 집들도 굉장히 허름하고 걸어다니는 사람들이 대부분 흑인이었는데 행색이 초라했다. 음식점에 주차를 하는데 십 대 초반쯤 되어 보이는 아이들이 몇 명 와서 갑자기 창문을 닦겠다고 하였다. 당황해서 괜찮다고

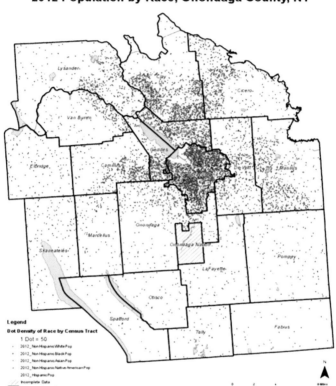

2012년 오논다가 카운티의 인종별 인구 분포도 (파란 점: 백인, 빨간 점: 흑인)
(출처: www.cnycentral.com, The Map: Onondaga county ranks in high racial
income difference)

슬기로운 미국생활

하는데 음식점을 소개해 준 펠로우는 별일 아니라는 듯 1~2달러 주면 차를 닦아 주며, 혹시 싫으면 안 닦아 달라고 하면 된다고 했다. 나중에 그쪽 인근을 지나며 보니, 조그만 슈퍼마켓 창문에 다른 마트에서 보기 힘든 철창이 설치되어 있었다. 지역 뉴스에서 나오는 총기 사건 및 강력 사건들은 대부분 다운타운 쪽과 북쪽 동네에서 발생하곤 했다. 반면에 시라큐스를 관통하는 큰길을 건너서 위치한 Manlius 지역의 언덕배기에는 미국 드라마에서나 볼법한 2~3층의 멋진 저택이 잘 관리된 잔디밭을 사이에 두고 띄엄띄엄 위치해 있었다.

이처럼 지역별로 인종의 분포와 치안의 수준이 다른 점에 대해 시민과 지방 정부는 어떻게 생각할까 궁금했다. 이에 대해 고민해 볼 수 있는 좋은 기회가 있었다. 먼저 2020년 초, 카운티에서 형사사건 공소를 책임지는 지방 검사(Onondaga County District Attorney)인 'William J. Fitzpatrick'을 면담하게 되었다. 몇 가지 질의응답을 하다가 그간 궁금했던 지역 간 격차에 대해 질문했다. 오논다가는 큰 도시가 아닌데 지역별로 인종별 분포에 차이가 있는 것 같고, 특정 지역의 치안 수준이 더 열악해 보이는데 이를 알고 있는지, 원인 및 대응이 무엇인지를 질문했었다.

그는 해당 문제를 잘 인지하고 있다고 얘기했으며, 미국의 어느 도시나 비슷하게 오랜 기간에 걸쳐 같은 인종이나 이민자들이 모여 살게 되면서 자연스럽게 이질적인 커뮤니티가 형성되었다고 했다. 시라큐스 다운타운 및 북쪽 지역에서 사건 사고가 많지만 지속적으로 치안 유지를 위해 힘쓰고 있고 그 노력으로 인해 최근 범죄 건수가 줄고 있다는 어느 정도는 예상되는 답안을 얘기해 주었다. 당시에는 지역별 차별의 심각성에 대한 인지와 대응 방안이 조금 부족한 것이 아닌가 하는 생각만 하고 넘어갔다. 생각해 보면 나 역시 미국으로 처음 오면서 한국인이 모여 사는 곳을 찾아보고 주거지를 정하게 되었으니, 다른 인종과 계층도 그럴 수 있었겠다는 생각이 들었다.

시간이 흘러 행정 윤리 과목 대학원 수업을 들으면서 거주 지역 격차에 관한 역사적, 제도적 배경에 대해 좀 더 자세히 알 수 있었다. 미국 주택 문화의 상징이라고 할 수 있는 교외 지역의 단독 주택 단지의 형성은 1940년대로 거슬러 올라간다. 제2차 세계대전 이전까지는 백인, 흑인 할 것 없이 모두 도심지를 중심으로 거주 공간을 형성하고 있었다. 이후 뉴딜 프로그램의 일부로 경제 활성화와 안정적인 주거 환경 제공을 위해 정부에서 적극적으로 도심 교외에 신규 주택 단지를 조성하고 이곳으로 시민들을 입주시키는 정책을 추진하였다. 이를 담당하는 부처가 연방 주택관리청(The Federal Housing Administration)이었다. 1944년에는 제2차 세계대전에 참전하고 귀국한 군인들을 지원하는 법인 GI 법안(Government Issue: 미군을 일컫는 말)이 통과되었다. 참전 군인에게 주택 자금 및 대학 등록금 등을 지원하는 법안으로 이를 통해 참전 군인은 중산층으로 사회에 정착할 수 있게 되었다. 하지만 이러한 제도의 혜택이 모든 인종에게 동일하게 돌아가지 않았던 것이 문제였고, 이러한 문제는 수십 년이 지난 지금 거주 공간의 격차를 가져오게 되었다. 백인들은 파격적인 혜택을 받아 정부 보증 대출을 통해 교외의 신규 단독 주택 단지로 이주하였고, 흑인들은 다운타운의 백인들이 남기고 간 집이나 임시로 지어진 다가구 주택에 살 수밖에 없었다. 관련 통계를 살펴보면, 1934년에서 1962년간 연방 정

부는 1,200억 달러의 주택 융자를 제공했는데 이 중 98% 이상이 백인에게 지원되었다.[21]

미국 영화에서 흔히 볼 수 있는 중산층 미국인의 주거 환경 (잘 정돈된 단독 주택 단지에 차고가 딸린 2층 주택을 갖고 있고 앞마당과 뒷마당 잔디밭을 가진 주거 환경)은 모든 미국인들이 공평하게 누리고 있는 것이 아닌 과거 차별적 제도하에서 백인 중산층들이 우선적으로 누릴 수 있었던 역사적 결과라고 할 수 있다.

더욱 큰 문제는 이와 같은 제도적 영향이 현재 미국 내에서 큰 이슈가 되지 못하고 있다는 점이다. 미국 사회의 주류가 백인 중산층이기 때문인지 유색 인종이 모여 사는 커뮤니티나 다운타운의 열악한 거주 환경 개선과 범죄 예방을 위한 노력은 부족한 것이 현실이다.

---

21) 'A long history of racial preferences- For whites', California Newsreel, 2003.

12. 공급망 위기

- 모든 것이 부족하다

2019년 7월, 일본은 반도체와 디스플레이의 핵심 소재 3종 (포토레지스트, 불산가스, 폴리이미드)의 수출 규제를 발표했다. 이 3종의 소재는 우리나라의 핵심 수출 산업인 반도체와 디스플레이 공정에 반드시 필요한 소재이며, 일본산 제품 의존도가 높아 수출 규제로 인한 국내 경제의 악영향이 우려되었다. 다행히 민간 기업들과 정부가 힘을 합쳐 빠른 시일 내에 핵심 소재의 국산화 및 대체 수입선 확보 등의 노력으로 일본의 수출 규제의 여파는 우려한 만큼 크지 않았다. 하지만 당시 뉴스에 처음 등장한 공급망(Supply Chain) 문제는 이후에도 다양한 품목에서 지속되고 있다. 2021년 하반기 요소수 수급 불안 및 차량용 반도체 공급 부족 등 경제 뉴스에서 공급망(Supply Chain) 위기 사례가 계속되는 것이다.

미국의 상황은 어떨까? 미국에서 생활하며 느낀 점은 한국과 다를 바 없으며, 일상생활에서 느끼는 불편함은 오히려 더 심각해 보인다는 것이다. 미국 뉴스에서도 'Supply Chain Crisis' 관련 기사를 자주 언급하고 있으며, 그 대상은 차량용 반도체를 넘어서서 다양한 생필품으로 이어졌다. 식당에서는 음식 재료의 부족으로 일부 메뉴 및 소스가 이용 불가능한 경우가 많으며, 동전이 부족하여 잔돈을 돌려받을 수 없다는 박물관도 있었다. 플라스틱 물병과 음료 캔 소재의 공급망 불안이 뉴스에 나오기도 했다.

차량용 반도체 수급 불안은 신차 출고의 지연과 함께 중고차 가격의 상승으로 이어졌다. 2022년 기준으로 수년 전 중고차를 샀던 사람들은 2~3년을 사용하고도 구매했을 때보다 더 높은 가격으로 중고차를 매각할 수 있었다. 신차 상황도 이와 비슷하다. 미국에서는 개별 자동차 딜러가 자동차 회사로부터 신차를 구매한 후 소비자에게 다시 파는 구조로 이어진다. 따라서 수요 공급 상황에 따라 차량 재고가 많으면 딜러는 상대적으로 싸게 팔고 수요가 많으면 비싸게 판다. 한국도 마찬가지지만 미국도 신차 공급이 원활하지 않자 인기 차종은 제조회사가 매긴 권장소비자가격(MSRP: Manufacturer's Suggested Retail Price)보다 비싸게 파는 경우가 생겼다. 이러다 보니 딜러사 광고에서는 차량 할인 내용은 거의 없고 '우리는 MSRP보다 가격을 더 받지 않습니다!'라는 내용이 자주 보일 정도였다.

특히 심각한 문제로 느꼈던 것은 유아용 분유의 부족 사태다. 2022년 5월경 공급망 이슈로 유아용 분유가 부족하여 마트에서 품절되고 있다는 뉴스가 나오기 시작했다. 분유는 생필품 중에서도 공급이 원활하지 않으면 절대 안 되는 품목이다. 화장지나 음식은 조금 아껴 쓰고 다른 품목을 쓰면 되겠지만, 어찌 아이들 분유를 단 하루라도 아껴 쓸 수 있겠는가. 분유 부족의 원인은 몇 가지로 분석된다. 2022년 초 미국 내에서 분유를 공급하는 업체 중 최대 업체인 애봇(Abbott)사의 분유에 대해 품질 이슈가 나오면서 FDA가 리콜 명령을 내렸고, 공장 한 곳이 폐쇄됐다. 수년 전인 2020년, 소비자들은 코로나19 사태가 시작됨에 따라 재택근무가 늘어나고 위생 물품의 수급 불안 등으로 다양한 생필품을 최대한 사재기 했고 유통 기한 이 긴 분유의 구매도 늘었다. 2021년에는 그 여파로 분유 소비 량이 줄어들었고 분유 제조업체들은 이에 대응하여 생산량을 줄여 나갔다. 2022년에 두 가지 여파가 겹치며 단기간에 공급 이 줄어들자 분유 부족 사태가 벌어진 것이다.[22]

미국의 공급망 이슈에 대한 정부의 대응은 한국보다 훨씬 답답한 모습이다. 뉴스에서도 다양한 공급망 불안 이슈가 나 오고 대통령이 직접 나서서 공급망 불안에 대한 우려를 얘기하 지만, 실제 대응책은 구체적으로 나오지 않는다.

원론적인 수준에서 해외 각국과의 외교적인 노력을 통해 안 정적인 공급망을 유지겠다는 내용이 주를 이루고 있다. 보다 장기적이며 근본적인 방안으로는 주요 생산 공장을 미국으로

---

22) 'The Baby Formula Shortage: Everything You Need to Know About the Crisis Affecting Millions', Entrepreneur, 2022. 5. 20.

동전 부족으로 잔돈을 주지 않는다는 박물관의 안내판 (저자 직접 촬영)

유치하겠다는 내용이 제시된다. 한국의 경우 마스크 부족에
대응해서 공공 마스크 제도를 도입하여 신속하게 필요 최소한
의 마스크가 전 국민에게 공급될 수 있도록 했으며, 차량용 요

소수 부족 사태에서도 매점매석 단속 및 대체 수입선 확보 등 대응책이 신속히 나왔다. 미국 분유 사태에서는 2022년 2월 애봇(Abbott)사 분유에 대한 리콜 조치로 인해 공급량이 축소될 것이 예측되었음에도 정부는 몇 달 후 분유 대란이 실제 발생하고 나서야 군용 비행기를 동원하여 해외에서 긴급 수입을 추진하는 등 늑장 대응을 하면서 바이든 정부가 비판을 받았다.

음식 재료의 부족으로 인해 일부 메뉴가 불가능하다는 프랜차이즈 음식점의 안내
(저자 직접 촬영)

다양한 분야의 제품이 수급 상황이 불안해지는 상황에서 다음에는 또 어떤 물건이 마트 매대에서 품절될지 모르니 가정 별로 생필품 등을 비축해 두는 상황이었다. 2023년 이후 전 세계적 긴축 통화 정책과 성장률 둔화에 따라 향후 생필품 수급 불안 상황이 진정될지 아니면 지속적으로 다양한 상품들의 공급망 불안이 이어질지 지켜볼 일이다.

13. 미국의 달러 찍어 내기

- 위기? 돈으로 해결한다!

미국은 2020년~2021년 사이 코로나19 대응을 위해 경제와 복지 측면에서 과감한 재정 및 통화 정책을 통해 달러를 뿌리며 경제를 유지해 나갔다. 코로나19 초기 확진자가 발생하기 시작하자 급박하게 사회 전체가 얼어붙었다. 도시는 락다운(Lock Down) 조치가 시행되어 필수적 식료품 마트를 제외하고는 모두 문을 닫아 학교와 일터 모두 온라인 기반으로 전환되었다.

미국 사회는 고용 보장의 개념이 희박하기 때문에 수많은 노동자가 실업자로 전락하게 되었다. 경제 위기를 극복하고 가계 및 기업의 생존을 위해 미국 정부는 실업 보험 지급을 강화하고 현금 보조금을 대량으로 지급하게 된다. 2020년 이후 3개의 관련법이 신설되어 근로자, 지방 정부, 기업 등 사회 전 분야에 대한 지원이 시행되었다.

이후 2022년 바이든 정부는 대규모 대학 학자금 대출 감면 프로그램을 발표하였다. 중간 선거를 앞두고 낮은 지지율을 보이던 바이든과 민주당이 정치적 위기를 돈으로 돌파해 보기 위해 추진한 정책이다. 수천조 원이 소요되는 엄청난 재정 지출로 인해 단기적으로 경제 성장과 정치적 지지 상승의 효과를 얻었지만 결국 2022년 들어오면서 인플레이션과 금리 인상으로 인해 전 세계 경제 침체 우려를 가져오고 있다. 과연 이 3년간 무슨 일이 있었던 것일까?

2020년 3월 트럼프 정부는 2.2조 달러(2,860조 원)를 투입하는 경기부양책 CARES Act(Coronavirus Aid, Relief and Economic Security Act)를 통과시켰다. 한국의 재난 지원금 개념으로 성인 1인당 1,200달러(156만 원), 어린이 500달러(65만 원)의 현금 보조금을 지급했다. (개인당 소득이 연간 75,000달러(9750만 원) 이하의 경우 100% 지급되며, 소득이 이를 초과하는 경우 정해진 비율에 따라 보조금은 줄어든다.) 이로 인해 총 2,930억 달러(380조 원)가 지출됐다. 또한 실업자에게는 기존의 실업 수당에 더해 추가로 1주일에 600달러(78만 원)를 지급한다.

실업 수당이 한 달에 3백만 원이 넘으니 실제 일하는 경우보다도 실업 수당을 많이 받는 경우가 속출했으며, 실업 수당이 근로자의 근로 의욕을 떨어뜨리는 현상으로 나타났다. 실업 수당 지급 기한도 기존 26주에서 최대 39주로 늘어나서 9달 가까이 되었다. 코로나19 기간 중에는 실업자가 실업 수당으로 충분히 생활이 가능하기 때문에 굳이 구직 활동을 하지 않는 경우가 허다했다.

현금 지원 외에도 기업들에게 대출을 해 주되 대출금을 임금이나 사무실 임대료로 사용하는 경우 대출금 상환 의무액을 삭감해 주는 지원도 있다. 또한 각 주들에 코로나 대응을 위한 자금을 지원하고, 중산층에게는 역사상 최대 규모의 긴급 자금 대출을 실시하고 중소기업이나 개인이 파산하는 경우 채무

불이행을 지원하는 등의 내용이 포함되었다. 몇 달 지나지 않은 2020년 12월, 트럼프 정부는 추가로 통합세출법(Consolidated Appropriations Act)을 통해 1인당 최대 600달러(78만 원)를 지급하였다. 당초 정부는 1인당 1,200달러 지급을 추진했으나 의회에서 600달러로 삭감되어 지급했다.

2021년 3월, 새로 집권한 바이든 정부와 의회는 미국 구조계획(American Rescue Plan)을 통과시켰다. 1.9조 달러를 투입하여 코로나19 극복에 지원하는 법이다. 이 법은 기본적으로 트럼프 정부의 지원책과 유사한 내용을 담고 있다. 현금성 지원액은 더 늘어나서 개인별로 최대 1,400달러(182만 원)를 지급하여 총 4,020억 달러(523조 원)를 지원했다. 이 또한 미국인의 90%가 넘는 연간 75,000달러 이하 소득자에게 100% 지급되었다.

1년 사이 3번의 보조금을 통해 4인 가족의 경우 천만 원이 넘는 현금을 수령하게 되자 주변에서도 이 돈을 보태 차를 사고 텔레비전을 바꾸는 등 미국의 소비 경제가 활발히 돌아가는 것을 지켜볼 수 있었다.

이와 같은 3번의 경기부양책을 통해 총 5.3조 달러(6,890조 원)가 소요되었다. 너무 큰 금액이라 감이 오지 않을 정도다. 코로나19가 터지기 전 2019년의 미국 연방 정부 예산이 총 4.4조 달러[23]였으니 1년 예산보다 더 큰 금액이 추가로 지출된 것이며, 우리나라 2019년 예산 469.6조 원에 비교해 보면 14배가 넘는 엄청난 규모라고 할 수 있다.

정부가 직접 돈을 쓰는 재정 정책뿐만 아니라 자금시장에 달러를 더 공급하는 확장적 통화 정책을 통한 경기 살리기도 추진되었다. 미국은 2017년 이후로 1~2.5% 사이의 금리를 유지하고 있었는데, 2020년 3월 한 달 만에 미국 연방준비제도 (Federal Reserve) 이사회가 두 차례에 걸쳐 기준 금리 목표를 1.5%p 낮춰 제로금리에 다가섰다. (1.5~1.75%→0~0.25%) 그러면서 7천억 달러 규모의 양적완화(QE: Quantity Easing, 중앙은행이 국채를 매입하는 방법 등으로 통화의 유동성을 높이는 정책) 정책을 포함해 시장이 필요한 무제한적인 자금을 시장에 풀겠다고 발표했

---

23) 미 의회예산처, CBO.

다.[24] 이러한 제로금리 및 양적완화 정책은 2년이 지난 2022년 3월, 0.25% 금리 인상을 시작으로 막을 내리게 된다.

코로나19의 여파가 잠잠해진 2022년에는 바이든 대통령이 중간 선거를 앞두고 낮은 지지율을 극복하기 위하여 대규모의 대학 학자금 대출 감면 프로그램(Student loan forgiveness)을 발표한다. 지원 대상은 연간 12만 5천 불 이하의 소득을 올리는 개인 또는 25만 불 이하 소득 가계이며, 지원 금액은 최대 만 불의 대출 금액 감면이다. 기존 연방 정부의 학자금 지원 프로그램인 'Pell Grant'를 지원받고 있는 사람은 2배인 2만 불의 대출 금액을 감면받게 된다. ('Pell Grant'는 6년간 매년 최대 6,895달러의 학자금 지원을 하는 프로그램이다.) 2022년 기준으로 미국은 4천3백만 명이 연방 학자금 대출을 갖고 있으며, 평균 37,667달러의 대출 잔액이 있다.[25]

---

24) 'Federal Reserve cuts rates to zero and launches massive $700 billion quantitative easing program', CNBC, 2020. 3. 15.

25) 'Here is everything to know about how to apply for student loan forgiveness', AP, 2022. 10. 23.

대학생 학자금 대출 감면은 젊은 세대의 자금 부담을 덜어 주고, 특히 저소득층에게 혜택이 더 크게 돌아가게 되어 재정 여건만 된다면 좋은 정책이라 생각할 수 있다. 하지만 구체적으로 들어가 보면 반드시 생각해 봐야 할 점이 있다. 기존 부채를 탕감해 주는 정책은 채무자의 도덕적 해이를 불러일으킬 수 있다. 국가에서 세금을 이용해서 빚을 갚아 주는 정책이 추진되면 시민들은 차후에도 유사한 정책이 추진될 수 있을 거란 기대 때문에 빚을 최대한 지려 하고 또한 부채를 갚는 것을 최대한 미룰 것이다.

실제로 이번 대책에서 제외된 부분은 이미 학자금 대출을 갚은 사람에 대한 지원책이다. 동일하게 학자금 대출을 받았다가 선량하게 잘 갚은 사람은 상대적으로 1~2만 달러라는 큰 금액을 상대적으로 손해 본 것으로 느끼게 될 것이다. 이러한 정책 추진이 앞으로는 대부분의 대학생은 일단 학자금 대출을 받고 최대한 부채 상환은 늦추게 될 요인으로 작용하는 것이다.

최근 3년여 동안 미국은 코로나19를 대응하기 위해 엄청난 재정 적자를 감수하면서 돈을 풀었다. 또한 확장적 통화 정책을 통해 제로금리를 상당 기간 유지해 왔다. 이러한 노력으로 미국의 경제는 다른 나라에 비해 피해가 덜했지만, 2022년 들어오면서 부메랑처럼 그 여파가 몰아닥쳤다. 헬리콥터에서 달러를 뿌리듯이 추진한 정책은 높은 인플레이션으로 돌아왔고 연방 준비 제도는 거의 매달 기준 금리 목표를 크게 높이면서 전 세계가 금리 인상 도미노 현상을 보였다. 물가 상승 및 고금리로 인해 미국 소비자들도 고통을 겪고 있지만 우리나라를 포함한 다른 국가들의 경기 침체 우려가 더욱 커지는 상황이다. 전 세계의 기축 통화 역할을 하는 달러는 코로나19라는 전대미문의 글로벌 공통 위기 상황에서 그 영향력을 크게 발휘했다. 글로벌 경기 침체가 본격화된 2023년 이후의 위기에서는 어떤 해결책을 내놓을지 지켜볼 일이다.